Les pornograp

La confession et les confesseurs; Appendice: Pieuses exhortations, par Monseigneur Claret; Mœchialogie, par le R. P. Debreyne; Compendium; et les Diaconales, par Monseigneur Bouvier

Léo Taxil

Alpha Editions

This edition published in 2024

ISBN : 9789367248102

Design and Setting By
Alpha Editions
www.alphaedis.com
Email - info@alphaedis.com

DÉDICACE

A M. GEORGES LAGUERRE
Avocat près la Cour d'appel de Paris
et Collaborateur à la *Justice* et au *Figaro*.

MONSIEUR,

Il y a aujourd'hui huit mois, un Congrès se réunissait à Paris. C'était le Congrès des sociétés de libre-pensée de France, représentées par leurs délégués. Le but de ces grandes assises anti-cléricales était de faire connaître au gouvernement les vœux du pays relativement à la séparation de l'État et des églises. Bon nombre de députés appartenant aux groupes radicaux de la Chambre s'étaient fait un devoir de participer à cette réunion solennelle.

Le Congrès me fit l'honneur de me choisir comme rapporteur de sa première commission.

Au moment où je donnais lecture de mon rapport, un incident se produisit. Tout à coup, je fus interrompu et insulté. Je disais que les prêtres, en vendant des messes sous prétexte de tirer les âmes du purgatoire, agissent comme de simples escrocs. Une voix me cria : « Les escrocs, ce ne sont pas les prêtres ; c'est vous ! » Un tumulte énorme s'ensuivit. Un homme monta à la tribune pour renouveler l'injure et aggraver le scandale. Mais l'assemblée, comprenant qu'elle avait affaire à un agent des jésuites, retira la parole à mon insulteur, et un blâme contre lui, mis aux voix par le président, M. le député Beauquier, fut voté à l'unanimité, moins quatre voix, sur deux cents délégués environ.

Le lendemain, l'auteur du scandale, à qui cette flétrissure pesait peu, allait se vanter de son exploit dans tous les bureaux de rédaction des journaux réactionnaires ; et le Congrès ne manqua pas d'être vivement attaqué.

N'ayant jamais voulu me commettre avec des agents provocateurs, — qu'ils appartinssent à la police rousse ou à la police noire, — je méprisai l'insulte.

Je me demandai seulement quel mobile avait pu pousser un homme, que je n'avais jamais vu, à ramasser de la boue pour venir essayer de m'en éclabousser.

Je m'informai.

L'homme était alors totalement inconnu. J'avais pensé une seconde que ce pouvait être quelqu'un de ces génies incompris qui viennent solliciter des rédacteurs en chef l'insertion de leurs articles plus ou moins somnifères, et qui ne pardonnent jamais un refus. Mais j'avais beau rappeler mes souvenirs : l'inconnu n'apparaissait pas dans mon passé de directeur de journaux.

Cet insulteur n'ayant aucun motif ni même aucun prétexte de haine personnelle, je fus bien obligé de me ranger à l'opinion de mes amis, savoir : que je me trouvais en présence d'un émissaire secrètement stipendié par les disciples de Loyola.

Je m'informai encore.

Ce que j'appris alors m'édifia tout à fait. — Le misérable appartenait à la Société de Saint-Vincent-de-Paul ; il en avait été pendant quatre ans secrétaire ; tout récemment même, il venait de se marier d'une façon bien religieuse à l'église de la Trinité. Et ce qui démontrait à quel point était habile cet agent des Révérends Pères, c'est qu'au moment précis où il se mariait à l'église il s'était fait recevoir de plusieurs sociétés de libre-pensée et donnait des conférences anti-cléricales, dans lesquelles il prêchait aux autres le mariage civil.

Ce misérable, monsieur, c'était vous.

Depuis, vous avez fait du chemin, et vous n'êtes certes pas arrivé encore au but où vous prétendez atteindre.

Vous êtes ambitieux et d'une astuce rare.

Vous avez réussi à capter la confiance de quelques républicains naïfs, et en même temps vous êtes soutenu par les cléricaux qui n'ont même pas la pudeur de mettre une sourdine à leurs éloges. L'*Univers* et le *Figaro* vous prédisent avec joie le plus brillant avenir. De la part du *Figaro*, cela n'a rien d'étonnant, puisque vous collaborez à cette feuille monarchiste, — tout en écrivant aussi, il faut bien le dire, dans la démocratique *Justice* ; — mais ce qui doit plus surprendre, c'est que l'organe de M. Louis Veuillot s'oublie à vous donner ostensiblement son appui.

Quoi qu'il en soit, vous irez loin. Je ne fais aucune difficulté à le reconnaître, je crois à votre étoile. Combien de fortunes politiques ont été édifiées sur l'hypocrisie !… Or, en la science de la duplicité vous êtes passé maître… Je n'ai pas la moindre illusion à ce sujet : au sortir de l'église de la Trinité vous agitez le drapeau rouge et vous vous proclamez anarchiste ; il faut être aveugle pour ne pas voir votre jeu.

Pour conclure, je vous dédie ce livre.

Vous avez écrit quelque part, — dans la *Justice*, à moins que ce ne soit dans le *Figaro*, — que je suis un écrivain pornographe.

Comme je me suis donné la mission de dévoiler les turpitudes du clergé, vous feignez de prendre le change. Vous êtes semblable à cet ami de M. de Germiny, qui, à la lecture du jugement qui condamnait le noble comte et mentionnait un aperçu de son infamie, s'écria : — «Ce jugement est un outrage aux mœurs!»

En effet, vous qui vous confessez, vous ne pouvez entendre médire des confesseurs. Révéler les ignominies du confessionnal constitue une attaque à vos protecteurs et maîtres. Vous leur devez bien de prendre leur défense !

Lisez donc cet ouvrage, lisez surtout les extraits que je fais des livres théologiques enseignés dans les couvents et les séminaires, et répétez ensuite partout que les écrivains obscènes, ce ne sont pas les casuistes et les confesseurs, mais que c'est moi.

Vous avez eu la jésuitique audace de le dire une fois ; ne vous lassez pas.

Mentez, mentez toujours, il en restera quelque chose ! disait Voltaire aux disciples de saint Ignace, qui le calomniaient.

Mentez, mentez encore, vous dirai-je à mon tour ; vous servirez utilement la cause du clergé. Votre confesseur sera là chaque samedi pour vous absoudre.

Je vous salue, monsieur.

Qu'Escobar vous ait en sa sainte garde !

LEO TAXIL.

Paris, le 1er novembre 1882.

LA CONFESSION ET
LES CONFESSEURS

Une supposition. Reportons-nous à l'année 1869. Imaginez-vous ceci : — Tropmann vient de commettre son horrible crime. Il va trouver un juge d'instruction et lui dit : « Monsieur, je viens d'assassiner toute une famille : sept personnes, dans le but de m'approprier quelques billets de banque. » Le magistrat répond : « Mon bon ami, mon cher enfant, donnez-moi donc, je vous prie, le produit de votre crime ; j'en ferai un bon usage, et, pour tout le monde, ce sera comme si vous n'aviez jamais tué un lapin. Allez, mon fils, allez, j'efface votre meurtre abominable ; vous êtes, maintenant, aussi pur que le plus parfait honnête homme. Allez, je vous déclare innocent. » Le juge encaisse l'argent de Tropmann, et Tropmann n'est pas poursuivi ; il peut même recommencer ses exploits, assassiner une nouvelle famille Kinck.

Tel est le sacrement de pénitence, qui est le principe de ce qu'on appelle la confession.

Un monsieur, qui s'intitule prêtre, se donne le droit d'innocenter les plus grands coupables, à la condition qu'il se soumettront à une pénitence toujours très commode pour le criminel et surtout très lucrative pour M. le Curé.

On peut commettre tous les crimes, assassiner père et mère, se passer les fantaisies de Monseigneur Maret et de M. le comte de Germiny, détrousser un garçon de recettes et le larder de coups de couteau ; on peut accomplir les plus exécrables forfaits, se souiller des turpitudes les plus obscènes, et les plus dégradantes ; en sortant du confessionnal, on est, d'après l'Église, plus innocent que le bébé qui vient de naître. Une fois l'absolution donnée par le confesseur, Dumollard devient un archange, et Tropmann se transforme en un vrai petit chérubin. — Vous pouvez leur donner vos filles en mariage.

Par la confession, on est sanctifié en raison même de ses crimes. Ainsi : plus un ignorantin se vautre dans les infamies, plus il a besoin de se confesser, plus il se confesse, et plus il est pur.

Voilà la morale de l'Église catholique à laquelle la Chambre vote chaque année un budget de cinquante à cinquante-cinq millions. Autant vaudrait établir un budget pour subventionner les Tropmann et les Dumollard ; ce serait aussi logique.

Si un magistrat s'était comporté à l'égard de Tropmann comme je viens d'en faire la supposition en commençant, il n'y aurait eu en France qu'une voix pour le conspuer et le flétrir. Ce magistrat, si commode pour les assassins, aurait été plus scélérat que les plus odieux meurtriers, n'est-ce pas ? Eh bien, le prêtre, qui absout le vol, est plus gredin que les voleurs ; le prêtre, qui bénit les assassins, est le dernier des scélérats. Nul homme, en matière criminelle, n'a le droit de substituer son jugement personnel au jugement de la société.

*
* *

Je sais bien ce que me répondront les défenseurs du catholicisme.

Ils me diront : — Vous faites de l'exception la généralité. Tous ceux qui vont s'agenouiller au tribunal de la pénitence n'ont pas sur la conscience des meurtres et des viols. La confession n'a pas été instituée pour l'absolution unique des criminels. Il est telle faute légère, tel manquement aux prescriptions de l'Église dont le confesseur relève le pénitent. Or, la pratique constante de la confession est un bien pour les petits coupables, pour les hommes que le crime n'a point pervertis, en ce qu'elle les met sans cesse face à face avec leurs fautes, leur en fait honte et les en déshabitue.

Je répliquerai : — D'abord, il ne me paraît pas prouvé que la confession ait un effet salutaire, même au point de vue des petites fautes. Il me paraît, au contraire, qu'un examen de conscience régulier ne doit pas être une tâche bien lourde pour celui qui s'y livre périodiquement ; car la confession ainsi pratiquée arrive à n'être plus qu'un acte machinal.

Plus la confession est fréquente, plus elle devient banale, plus le pénitent s'habitue à ses passions, à ses défauts, à ses vices.

Quant aux manquements aux prescriptions de l'Église, je ne m'en soucie guère. Il est possible que la perspective d'une confession désagréable à faire empêche un marguillier de manquer la messe le dimanche ; mais il faut envisager les choses de plus haut. Nous n'avons pas à nous arrêter à ces vétilles ; dire le chapelet ou ne pas le dire n'a aucun rapport avec l'honnêteté. Les pratiques de dévotion relèvent simplement du bon sens, et le bon sens a depuis longtemps condamné toutes ces grimaces, toutes ces singeries.

Au XVIIᵉ siècle, les théologiens catholiques agitèrent une question très grave : il s'agissait de savoir si un bouillon pris en lavement rompait le jeûne.

Vous savez, ou vous ne savez pas, que pour manger le bon Dieu, il faut être à jeun. Le Tout-Puissant est un bifteck qui demande à n'être précédé dans l'estomac des fidèles par aucun potage gras ou maigre. Une fois le bon Dieu avalé, on peut lui verser de la sauce par-dessus ; mais avant l'engloutissement du personnage, défense de se garnir l'intérieur de la moindre julienne ou du plus mince radis. Une goutte d'eau seulement, absorbée avant le divin pain à cacheter, constitue un péché mortel.

Or, tous les dévots ne se lèvent pas de bon matin ; beaucoup de grandes dames ne vont le dimanche qu'à la grand'messe, qui est celle où l'on exhibe les belles toilettes. Et puis, il y a les vieux curés de rebut, qui sont chargés de la messe de midi. Tout ce monde-là avale le bon Dieu entre dix heures du matin et midi et demi. Or, garder le jeûne jusqu'à ce moment tardif n'a rien d'agréable.

C'est alors que les vieux curés avaient imaginé de prendre avant la messe un bouillon en lavement. Ça les soutenait jusqu'à midi, les pauvres vieux ! Seulement, voilà, les évêques ont mis le nez dans l'affaire, en disant : « Pas de ça ! mon bel ami, avec votre lavement roublard vous allez contre les prescriptions de l'Église. » — Les curés qui tenaient à leur clystère se sont rebiffés.

« Si nous le prenions par en haut, ont-ils répondu, oui, ça gênerait le Père Éternel ; mais par en bas, qu'est-ce que ça peut lui faire ? »

Alors, il y a eu des évêques qui n'ont pas voulu entendre de cette oreille. On a examiné le cas : à savoir, si la Sainte-Trinité et le clystère nutritif avaient des chances de se rencontrer dans le tube des communiants. On fit appel aux lumières de la Faculté. On écrivit beaucoup de livres pour et contre le lavement d'avant la communion. Bref, cette dispute, qui est absolument historique, a duré un bon quart de siècle et a finalement été tranchée par le pape, seul juge souverain et compétent.

Conclusion : le clystère est défendu.

Aussi, maintenant, nos vieilles dévotes qui ne veulent pas faire une communion coupable sont obligées de se tenir à jeun, dans le sens absolu du mot ; car, si elles se laissaient aller à manœuvrer un piston sacrilège avant de recevoir leur doux Jésus, elles commettraient un péché monstrueux dont il leur faudrait rendre compte au confessionnal.

Les curés ramollis et les vieilles dévotes, voilà les natures sur lesquelles le sacrement de pénitence exerce une action efficace, et encore est-ce à propos des particularités théologiques qui sont le bagage grotesque de la religion.

On conviendra que, dans cet ordre d'idées, l'efficacité de la confession nous préoccupe peu.

Ce qu'il est intéressant pour nous de savoir, c'est si la confession convertit les criminels ; et cela, nous ne le croyons pas. Delacolonge, qui a coupé en morceaux l'infortunée Fanny Besson, était un prêtre ; Mingrat, qui viola, étrangla et dépeça l'infortunée Marie Gérin, était un prêtre ; Mgr Maret, qui souillait les petites filles et en guise de première communion leur donnait une maladie honteuse, était un prêtre. Ces monstres-là, et bien d'autres encore, — car ils se valent à peu près tous, — non seulement se confessaient, mais encore ils confessaient les autres. Est-ce que la pratique constante du sacrement de pénitence les a retenus, les a empêchés de se livrer à leurs habitudes infâmes, les a empêchés de commettre leurs crimes atroces ? — Non !

C'était sur ceux-là, surtout, qu'il aurait fallu que la confession eût de l'efficacité !

On me dira, on dit : — Pourquoi citer les grands criminels ? Ils forment une quantité infiniment petite dans le nombre des gens qui se confessent.

Soit, je l'admets. Mais cela ne change rien à la valeur de mon raisonnement. Qu'importe que, dans le nombre des gens qui se confessent, les grands criminels forment le cinquante pour cent, ou le un pour cent seulement ! Quelle que soit la proportion existante, n'y eût-il qu'un assassin sur mille, sur cent mille, sur un million d'individus agenouillés devant vous, messieurs les curés, n'y en eût-il qu'un seul sur mille milliards, est-il vrai, oui ou non, que vous vous prétendez le droit de l'absoudre, cet assassin ?

Oui, n'est-ce pas ? — Vous ne pouvez pas le nier, puisque vous revendiquez ce droit exécrable d'absolution comme une prérogative céleste.

Eh bien, je vous le dis et vous le répète, par l'exercice de votre prétention cyniquement infâme, vous êtes les complices des voleurs et des assassins. Vous êtes plus scélérats qu'eux.

Ah ! l'on nous accuse de faire de l'exception la généralité ; tous ceux qui vont s'agenouiller au tribunal de la pénitence, affirme-t-on, n'ont pas sur la conscience des meurtres et des viols.

Je réponds : — Soit ! Mais si tous ceux qui se confessent ne sont pas des escrocs, des bandits, des violateurs et des assassins, tous les violateurs, tous les assassins, tous les escrocs et tous les bandits se confessent.

On n'osera pas soutenir le contraire. Tropmann s'est confessé ; Lacenaire s'est confessé ; Papavoine s'est confessé ; Dumollard s'est confessé ; le gardien de la paix Prévost s'est confessé ; Johannon, qui a mangé le cœur palpitant d'une pauvre femme qu'il venait de poignarder, s'est confessé.

Ils ont reçu la bénédiction du prêtre, tous, tous, tous !

Ils ont appelé l'homme noir : « Mon père », et l'homme noir a répondu à chacun : « Mon fils. » — N'est-ce pas bien, cette fois, le cas de dire : Tel père, tel fils ?

Tous, ils ont reçu l'accolade du ministre religieux, qui a murmuré à leur oreille : « Les hommes vous punissent, mais Dieu vous pardonne ; les hommes vous méprisent, mais Dieu a de l'estime pour vous ; les hommes vous ont en horreur et en exécration, mais Dieu vous aime. »

Tous ces brigands, qui sont la honte de l'humanité, ont gravi les marches de l'échafaud avec la conviction, à eux donnée par le prêtre, qu'ils montaient au ciel, qu'ils allaient, leur âme lavée de toute souillure, se reposer pour l'éternité dans le sein de Dieu.

Ils étaient des monstres d'infamie ; mais ils étaient en même temps les adeptes fervents du catholicisme.

*
* *

Laissons de côté ces tristes tableaux. De ces embrassades entre l'Église et le crime, ne retenons qu'un enseignement : c'est que le principe de la confession est abominable, c'est que le droit d'absolution que le prêtre se donne est la plus violente des immoralités.

Partant d'un principe abominable et immoral au suprême degré, que peut bien être la confession ?

Nous allons voir qu'elle ne vaut pas mieux que son principe.

Au début, — il faut le reconnaître, — la confession n'était pas ce qu'elle est aujourd'hui.

Le criminel n'avait pas recours à cette lessive spirituelle, parce qu'alors, au lieu d'avouer tout bas son forfait à une seule personne, il fallait l'avouer tout haut, devant tout le monde.

La confession, qui était publique, avait une certaine efficacité au point de vue des peccadilles. On se risquait à se reconnaître coupable d'un petit mensonge ou d'un menu larcin peu conséquent ; mais on rougissait très fort en formulant son aveu, on était vivement mortifié, et on se promettait, avec une sincérité à laquelle je rends hommage, de ne plus retomber dans la faute commise.

La confession publique, dont se gardaient bien d'user les grands coupables, avait tout de même du bon ; elle exerçait une influence réelle, une influence moralisatrice sur les petits pécheurs.

Si on veut rétablir cette confession-là, je n'y vois aucun inconvénient. Nous nous ferons même un devoir d'aller entendre les jeunes et vieilles dévotes raconter leurs fredaines. Ce sera instructif et cela ne manquera pas de gaieté.

Malheureusement, la confession publique ne sera jamais rétablie. Ce qui la fit supprimer ne manquerait pas de se reproduire.

Voici l'anecdote :

Au IVᵉ siècle, tandis que Nectarius était patriarche de Constantinople, un beau jour, à la confession publique dans l'église de Sainte-Sophie, une femme mariée s'accusa tout haut d'avoir eu des relations avec le diacre qui assistait le célébrant à l'autel. Or, justement, le mari se trouvait là, accroupi derrière un pilier, occupé à faire ses prières. Mettez-vous un peu à sa place. Il trouva la révélation fort peu édifiante ; il fit un vacarme de tous les diables. Les assistants étaient stupéfaits ; monsieur le diacre restait confus. Quant au patriarche Nectarius, il était, on le conçoit, fort embarrassé : il voulait bien qu'un de ses diacres passât du bon temps avec une jolie pénitente, mais il ne voulait pas que toute la ville le sût.

Il n'eut pas la présence d'esprit d'imaginer à l'instant la confession auriculaire si utile à ces messieurs. Ce qu'il trouva de mieux, pour éviter à l'avenir pareil scandale, ce fut de permettre aux fidèles de manger le bon Dieu sans confession.

Voilà comment la confession publique fut abolie.

Ce sont les moines, les frocards, qui imaginèrent cette petite armoire sombre dans laquelle les coquins et les imbéciles vont vider le baquet de leurs turpitudes, à la grande joie de MM. les calotins.

Les supérieurs de couvents commencèrent, vers le VIIᵉ siècle, à exiger que leurs moines vinssent, deux fois l'an, leur avouer leurs fautes. Ils inventèrent la formule suivante : — « Je t'absous autant que je le peux et que tu en as besoin. » — Plus tard, messieurs les curés eurent des prétentions plus élevées. Ils ne dirent plus : « Je t'absous autant que je le peux » ; ils dirent tout catégoriquement : « Au nom des pouvoirs que m'a délégués Dieu en trois personnes, le Père, le Fils et le Saint-Esprit, je t'absous. »

Je serais bien curieux — et vous aussi, n'est-ce pas ? — de voir de près ces fameux pouvoirs, et d'examiner simplement la signature du notaire qui en certifie l'authenticité.

Mais les moines ne furent pas aussi exigeants vis-à-vis de leurs abbés. Ils auraient pu dire au Père supérieur : « Mon ami, avant de donner l'absolution aux autres, tâche de te faire absoudre toi-même ; » mais non ! ils aimèrent mieux être confessés et devenir à leur tour confesseurs.

Il est si agréable de savoir les secrets des ménages, de connaître dans leurs plus grands détails les péchés des jeunes filles, — et encore les confesseurs qui s'en tiennent là ne sont pas les plus dangereux. Ils sont des indiscrets, et voilà tout ; mais au fond des confessionnaux il n'y a pas toujours que des indiscrets. Le plus souvent ces antres de la superstition renferment des exploiteurs du crime et des séducteurs obscènes.

Le R. P. Martène, un bénédictin qui vivait au commencement du XVIIIᵉ siècle, raconte, dans un livre intitulé les *Rites de l'Église*, que Mᵐᵉˢ les abbesses confessèrent pendant très longtemps leurs religieuses ; seulement, il paraît que ces abbesses étaient excessivement curieuses ; elles furent même si curieuses que l'on fut obligé de leur retirer ce droit. — Pourquoi ne l'ôte-t-on pas aux confesseurs curieux ? — Il y en a ! il y en a !

Ceux qui conseillent à une femme de faire… jeûner son mari le mercredi, sous prétexte que ce jour-là est consacré à la sainte Vierge ; — ceux qui conseillent à madame de faire tout à fait jeûner monsieur sous prétexte que monsieur ne va pas à la messe, ou qu'il refuse de croire à l'infaillibilité du pape ; — ceux qui conseillent à un jeune homme sans vocation de se faire prêtre, parce qu'il faut quand même des recrues au clergé ; — ceux qui éveillent le tempérament d'une petite fille par des questions qui lui apprennent ce qu'elle ne doit pas encore savoir ; ceux-là ne sont pas seulement des indiscrets ; ils sont plus coupables, et, comme tels, ils sont très répréhensibles. — Et il y en a beaucoup comme cela !

*

* *

Non seulement ces confesseurs dangereux sont en grand nombre ; mais encore ils ne se contentent pas d'interroger les enfants sur tels et tels actes. Ils vont plus loin même.

Ils ont inventé ce qu'ils appellent des *Examens de conscience*. Ce sont des petits questionnaires qui, sous le couvert de la religion, instruisent nos jeunes garçons et nos jeunes fillettes de ce que nous prenons tant de peine à leur cacher.

Vous croyez que j'exagère ?

Eh ! bien, vous allez être pleinement édifiés. Vous allez voir quelles questions les prêtres posent aux petits garçons et aux petites filles.

Il est nécessaire que les pères et mères de famille sachent à quelles infâmes interrogations ils exposent leurs enfants en les envoyant au confessionnal.

EXAMEN DE CONSCIENCE
PAR
l'Abbé LENFANT
Curé de Villiers-le-Gambon.

Les extraits de l'ouvrage que je vais citer sont parfaitement authentiques.

Il ne s'agit pas d'un livre remontant à deux ou trois siècles. Non ! — Cet *Examen de conscience* est un ouvrage contemporain ; c'est celui qui est *actuellement* en usage dans un des plus importants diocèses de l'Église catholique, le diocèse de Namur.

Les extraits que j'en ai faits ont été copiés par moi-même, et je les ai déjà publiés deux fois dans mon journal, sans que les cléricaux fanatiques qui composent notre magistrature aient jamais osé pour cela me poursuivre.

Du reste, je les en défie bien !

L'ouvrage est intitulé :

> EXAMEN DE CONSCIENCE, *suivi d'exercices pour la confession*, selon l'ordre et la lettre du *Petit Catéchisme* du diocèse de Namur, destiné aux enfants de la *première communion*, et non moins utile aux personnes plus avancées en âge, par M. Lenfant, curé de Villiers-le-Gambon. — Namur, A. Wesmaël-Legros, imprimeur de l'évêché, 1865.

Je vous prie de remarquer que ce livre n'est pas unique dans son genre ; tous les diocèses de l'Église catholique sont pourvus de semblables *Examens de conscience*. Partout, dans chaque paroisse, les prêtres remettent aux enfants, en même temps que le *Catéchisme du diocèse*, un petit opuscule appelé : « Examen de conscience », dont le prétexte est d'aider fillettes et jeunes garçons à rechercher quels péchés ils peuvent bien avoir commis durant la semaine, et dont le vrai but est de leur enseigner graduellement le vice. Tous ces *Examens de conscience*, tous sans exception, sont revêtus d'une approbation signée par un évêque. Chaque année, l'imprimeur de l'évêché en fait un nouveau tirage, et ces ignobles petits livres sont répandus à profusion dans les écoles congréganistes.

L'exemplaire, dont je vais reproduire quelques extraits, date de 1865 ; il n'est donc pas bien vieux. L'ouvrage a été composé en 1844 ; ce qui prouve que messieurs les prêtres de Namur l'ont trouvé excellent, puisqu'ils l'ont conservé jusqu'à aujourd'hui, et qu'ils s'en servent à présent encore pour la préparation des enfants à la première communion.

Voici l'approbation épiscopale :

J'ai lu par ordre de Monseigneur le R^me évêque de Namur le manuscrit intitulé : *Examen de conscience, suivi d'exercices pour la confession, etc., par M. LENFANT, curé de Villiers-le-Gambon.* Je n'ai rien vu, dans cet écrit, de contraire à la doctrine catholique. Comme l'auteur l'annonce lui-même, son dessein n'est pas d'exposer tous les péchés qui peuvent se commettre contre chaque commandement, *mais seulement les plus ordinaires.* Il a fait preuve *de discernement et d'une prudente sobriété* dans l'exécution de ce plan.

Donné à Namur, le 17 janvier 1844.

Ant. COLLARD
Chanoine Théologal et
professeur de
Théologie.

Et au-dessous :

Nous en permettons l'impression.

Namur, le 18 janvier 1844.

NICOLAS-JOSEPH,
évêque de Namur.

Après ces deux pages vient l'avant-propos dans lequel le curé Lenfant (nom prédestiné) déclare ceci :

Encore ai-je besoin de l'encouragement de Monseigneur Notre Révérendissime Évêque de Namur, à l'approbation duquel je le soumets entièrement et sans restriction.

Sans le secours de la direction et des explications des catéchistes, ce petit livre serait encore bien peu utile aux enfants ; aussi, j'espère qu'ils ne refuseront pas ce concours.

Ainsi donc, c'est bien entendu, les questions que l'auteur de l'*Examen de conscience* va poser aux enfants, il pense qu'elles pourront n'être pas assez claires, et il invite les catéchistes, les confesseurs à les bien expliquer.

Or, voulez-vous savoir quelle question pose ce prêtre, avec l'approbation de son évêque, sur ce sujet : *Devoirs corporels ?*

N'avez-vous pas commis d'imprudence ou de crime avant ou après la conception ?

Voilà une question que le confesseur doit expliquer à chaque jeune fille. — C'est du propre !

Je ne m'attarderai pas à reproduire les menues questions qui seraient sans intérêt : Pratiques de dévotion, Blasphèmes, Du nom de Dieu invoqué en vain, etc. — Contentons-nous d'extraire les passages qui prouvent combien chaque confession d'un enfant est pour lui une leçon d'immoralité.

VIᵉ ET IXᵉ COMMANDEMENTS

Sixième :

Luxurieux point ne seras

De corps ni de consentement.

Neuvième :

L'œuvre de chair ne désireras

Qu'en mariage seulement.

— Que défend le sixième commandement ?

— Il défend, non seulement toute impureté, mais, qui plus est, la seule convoitise et tout plaisir qu'on aurait à y penser volontairement.

— Que défend le neuvième commandement ?

— Il défend toute impureté, c'est-à-dire, de prendre aucun plaisir charnel, sur soi ou sur autrui, en dehors du mariage, par œuvre, par attouchements, baisers, paroles, chansons, dites ou écoutées, regards, lectures de livres impudiques ou malhonnêtes.

Misérables hypocrites ! Les premiers livres impudiques et malhonnêtes, ce sont vos *Examens de conscience*, messieurs les prêtres.

Continuons. Le paragraphe qui suit prouve, mieux que toutes nos affirmations, que les confesseurs se mêlent de ce qui se passe dans les alcôves conjugales.

Le neuvième commandement, en général, défend toute impureté, c'est-à-dire tout plaisir sensuel honteux, charnel, à tous ceux qui ne sont pas mariés. Ce serait cependant une grave erreur que de se croire tout permis dans le mariage. Les personnes mariées pèchent dans l'état du mariage, par suite de la crainte d'avoir trop d'enfants, *par des abus dans ce qui est permis, par des désobéissances dans ce qui est ordonné.* Celles dont la conscience est inquiète sur cette matière délicate DOIVENT CONSULTER LEUR CONFESSEUR (textuel).

Avis aux républicains faibles qui permettent à leur femme de fréquenter l'église : c'est monsieur l'abbé qui règle comment madame doit rendre à son mari le devoir conjugal. La jeune fille qui se prépare à la première communion sait, dès l'âge de onze ans, que, lorsqu'elle sera grande, elle devra consulter son confesseur sur la manière dont elle devra se comporter envers celui qu'elle épousera. Comment, avec cela, les fillettes élevées au confessionnal pourraient-elles devenir des honnêtes femmes ?

Continuons :

1° Pensées.

Ruminer dans son esprit, occuper son esprit de choses déshonnêtes, former dans son esprit des images d'objets ou d'actions déshonnêtes, sans la volonté de les commettre.

— 1. Avez-vous donné occasion volontaire à des pensées déshonnêtes ?

— 2. Vous êtes-vous arrêté volontairement à considérer dans votre esprit des objets ou des actions déshonnêtes, défendues ? — Combien de fois ? — Combien de temps ? — Quel était l'objet de cette pensée volontaire ? — Telle action ? telle sorte de personne ? — Quelles ont été les suites, les désordres de ces mauvaises pensées ? — Des mouvements déréglés en vous, etc. ? — Des passions violentes ?

— 3. Avez-vous repoussé ces sortes de mauvaises pensées dès que vous vous en êtes aperçu ? — Sans y prendre positivement plaisir, n'avez-vous pas été lâche à les rejeter ?

— 4. Avez-vous rappelé dans votre esprit le souvenir des péchés passés ?

2° Désirs.

— 1. Avez-vous désiré, souhaité dans votre cœur, de voir, de toucher, de faire, d'entendre, etc., quelqu'une de ces choses que le sixième commandement défend de faire ?

— 2. Avez-vous pris les moyens, fait les démarches, les efforts, quoique sans effet, pour exécuter ces mauvais désirs ?

— 3. N'avez-vous pas regretté le manquement d'exécution ? — Dites ce que vous avez désiré ; ses qualités, la vôtre. — S'agissait-il de personnes mariées ? ou parentes ? ou consacrées à Dieu ?

— 4. Quels ont été les effets de ces désirs sur votre corps ? — Pendant combien de temps vous êtes-vous entretenu de ces désirs impurs ?

Remarquons, en passant, que messieurs les curés, sous prétexte de questionner les jeunes garçons et les jeunes filles sur leurs péchés, leur demandent, d'une manière détournée, des renseignements sur les tierces personnes, à cause de qui les péchés ont été commis.

3° *Actions.*

— 1. Avez-vous fait des actions honteuses, impures ?

— 2. Étiez-vous seul ? — Avec d'autres ? — De même ou de différent sexe ? mariés ? parents ? ou alliés ? — Dans la crainte du déshonneur ? — *Avec des bêtes ?* — Dans un lieu public ou sacré ? — Combien de fois ? — Toujours avec les mêmes ? — Depuis combien de temps ? — Sous promesse de mariage ? — Quelles en sont les suites ?

4° *Attouchements.*

— 1. Avez-vous touché avec la main ou autrement, par plaisir et sans nécessité, des parties du corps que la pudeur veut que l'on cache ? — Sur vous-même ? — Sur d'autres de même ou de différent sexe ? — Mariés, parents, etc. ? — *Sur des animaux ?*

— 2. Avez-vous permis, souffert de ces criminelles et honteuses libertés ?

— 3. Les avez-vous provoquées, excitées ? — Combien de fois ? — Êtes-vous dans l'habitude ? — Depuis quand ? — Quel désordre ou accident a suivi ces actes coupables ?

5° *Baisers.*

— Avez-vous donné ou reçu des baisers, surtout entre jeunes gens de différents sexes, avec mauvaises intentions ?

— Avec durée ? — D'une manière indécente ? — Avec danger de consentir ultérieurement aux suites impures ?

6° *Paroles.*

— 1. Avez-vous dit des paroles déshonnêtes, sales, exprimant clairement ces péchés, ou objets d'impureté ? ou des paroles à double entente, plus couvertes ? — En présence de combien de personnes ? — Quelles étaient leurs qualités ? jeunes ? mariées ? etc. — Ont-elles été scandalisées ?

Pour le coup, voilà une question passablement indiscrète. Il est facile de voir quel parti le confesseur peut tirer de la réponse qui lui est faite.

Quoique sans se faire nommer une personne, il se la fait d'abord désigner de la façon la plus explicite possible. Puis, suivant qu'il a des vues sur cette personne, suivant qu'il a intérêt à savoir si elle est ou non accessible, il pose cette question :

— Mon enfant, cette personne à qui vous avez dit des paroles déshonnêtes, sales, exprimant clairement un désir ou un objet d'impureté, cette personne, dis-je, a-t-elle été scandalisée ?

Supposons que la jeune pénitente réponde :

— Non, mon père, elle n'a pas été scandalisée du tout.

Le confesseur se dira, à part lui :

— Très bien, voilà une vertu facile dont je pourrai prochainement tenter l'assaut.

Le motif de ces questions indiscrètes ne peut faire aucun doute.

Continuons encore :

— 2. Avez-vous écouté avec plaisir des paroles déshonnêtes ? — Combien de fois par jour, par semaine ou par mois ? — Depuis quand dure cette habitude ?

— 3. Vous êtes-vous vanté de péchés commis en secret, diffamant ainsi les personnes dont vous avez abusé ?

7° *Chansons.*

— 1. Avez-vous chanté des obscénités ou des chansons avec mots à double entente ? — Devant combien de personnes, etc. ?

— 2. Les avez-vous apprises à d'autres ?

— 3. Avez-vous écouté des chansons déshonnêtes ? — Y avez-vous applaudi, etc. ?

8° *Regards.*

— 1. Avez-vous regardé par curiosité, par passion, des objets déshonnêtes sur vous-même ? — Sur d'autres de même, de différent sexe ? — Indiquez la qualité des personnes ; je dis toujours *qualité*, parce qu'on ne doit nommer personne à confesse.

Tartufes !... On ne doit nommer personne à confesse, disent-ils... Seulement, ils posent des questions comme celles-ci :

— Cette personne, à qui vous avez manifesté des désirs impurs et qui n'en a pas été scandalisée, est-elle jeune ? Est-elle mariée ? Quelle est sa qualité ? Êtes-vous parente avec elle ? Du même sexe ? Depuis combien de temps la fréquentez-vous ?

Je vous demande un peu si quand une enfant naïve a répondu à toutes ces questions, le confesseur a besoin de se faire ajouter le nom de la personne sur laquelle il s'enquiert.

De même quand il interroge une jeune fille sur le chapitre des désirs, supposez qu'il lui pose ces questions que nous avons reproduites plus haut :

— Mon enfant, avez-vous désiré dans votre cœur de faire quelqu'une de ces choses que nous défend le sixième commandement ? Dites ce que vous avez désiré, les qualités de la personne qui était l'objet de votre désir. S'agissait-il d'une personne consacrée à Dieu ?

Je suppose un jeune vicaire posant ces trois questions à une fillette qui, sans trop s'en rendre compte, aura une inclination pour lui. L'enfant rougira, surtout à la dernière des trois questions. Il faudra qu'elle réponde. Elle sera de plus en plus confuse, embarrassée. Et le prêtre possédera le secret de la pauvrette, lui aura ouvert les yeux sur le sentiment qu'elle éprouvait sans se l'expliquer ; de ce jour, le misérable sera maître de l'enfant.

Continuons toujours. Voici une question, que le confesseur, suivant l'invitation de l'auteur de l'*Examen de conscience*, doit avoir souvent à expliquer aux fillettes candides et pures. Quelle honte que cette question ! Quelle honte que ces explications !

— 2. Avez-vous regardé certains actes des animaux ?

— 3. N'avez-vous pas souffert, permis à d'autres des regards coupables sur vous ? — Par imprudence ou manque de pudeur ?

— 4. Avez-vous considéré des tableaux, des statues indécentes ? etc. — Des nudités ?

9° *Lecture.*

— 1. Avez-vous lu par curiosité ou passion, sans nécessité, des lettres d'amour, des livres impudiques, de médecine, de théologie, des romans, des livres, des chansons déshonnêtes, de sales histoires, des journaux du même genre ? etc.

— 2. Les avez-vous encore ? — Les avez-vous communiqués à d'autres ou laissés exposés à leur vue ?

10° *Conservation de la chasteté.*

— 1. Vous êtes-vous exposé volontairement au danger de pécher sans graves raisons, et quelles raisons ?

— 2. Êtes-vous resté volontairement dans l'occasion ? — Avez-vous aimé, recherché l'occasion prochaine du péché mortel d'impureté ? — Combien de fois ? — Combien de temps ? — Quelle est cette occasion ? — Est-ce dans la même maison que vous habitez ? — Cette occasion est-elle libre ou nécessaire ? — Avez-vous employé les moyens prescrits par votre confesseur ?

— 3. Êtes-vous resté seul à seul avec une personne de différent sexe que vous affectionnez, dans l'obscurité, hors de tout œil de surveillance, dans la maison, sur le seuil des portes ? — Avez-vous été à des rendez-vous ? — Dans des mauvaises compagnies ? — Dans les veillées où se trouvent réunis des jeunes gens des deux sexes ? — Dans des danses de nuit ou de cabaret ? — Courez-vous les fêtes le soir, les allées ou venues ?

— 4. Avez-vous eu des fréquentations pour le mariage longues, imprudentes ?

— Êtes-vous dans quelque habitude d'impureté ? — Laquelle ? — Seul ou avec d'autres ? — Depuis combien de temps ?

Etc., etc.

Quelle abomination ! Voilà comment les prêtres entendent leur sacerdoce !
Voilà les côtés secrets de la religion catholique !

M. Jules Ferry, à l'époque où il n'était pas encore ministre, a dit ceci : « La
religion, c'est l'embrigadement de la bêtise humaine. » Il aurait pu ajouter :
« Et le confessionnal, c'est la tanière des plus immondes cochons. »

Il faut être, en effet, — passez moi l'expression, — le dernier des saligots,
pour se complaire à enseigner le vice graduellement, par menus détails, aux
petits garçons et aux petites filles.

Et ils osent dire, ces hypocrites, que leur sacrement de pénitence purifie et
rend plus vertueux !

Mensonge ! exécrable mensonge ! La confession n'est pas autre chose que
l'école de l'impureté.

Voyez ce prêtre de Namur ; il met sous les yeux de la jeunesse un
questionnaire infect, ignoble ; et, en tête de son livre, il écrit dans son avant-
propos : « Sans le secours de la direction et des explications des catéchistes,
cet *Examen de conscience* serait encore bien peu utile aux enfants. »

Il trouve qu'il n'en a pas dit assez. Il fait appel aux directeurs de conscience,
aux catéchistes pour qu'ils développent ses infamies.

D'abord l'examen sommaire, les interrogations générales, conformes au livre
de M. le curé et du petit catéchisme du diocèse. Ensuite, viendront les
demandes précises et détaillées du confesseur, les explications compliquées,
embarrassées et très minutieuses des jeunes pénitents et des jeunes
pénitentes.

Doit-on s'étonner que dans ces longues conversations, roulant
complaisamment sur des sujets scabreux, sensuels, sur des tableaux à damner
saint Antoine lui-même, — doit-on s'étonner que parfois confesseur et
pénitente se soient laissés aller à des explications que je m'abstiendrai de
qualifier, qu'ils aient passé de la théorie du catéchisme à la pratique ?

En effet, imaginez-vous un jeune gaillard de vingt-cinq ans, plein de santé et
de sève, sortant du séminaire où il a prêté ce serment absurde et contre nature
de chasteté ; le voyez-vous, lui, dont le cœur éclate par l'explosion des
passions longtemps comprimées, le voyez-vous, entreprenant de confesser
une jeune et jolie fillette qui, la pauvre enfant, ne pense pas à mal ?

Catéchisme en main, il procède par interrogations scrupuleuses. Il est novice
dans le métier, il craint de laisser passer la moindre peccadille sur la
conscience de sa timide et tremblante cliente. Et voilà cette ravissante jeune

fille de quinze ans qui, rougissant, raconte à ce jeune homme des choses intimes qu'elle n'oserait pas dire à sa mère. Elle devra énumérer les pensées qu'elle a eues en prenant son bain, etc.

Et la pauvrette, de ses lèvres chastes et roses, devra glisser dans le tuyau de l'oreille de son jeune directeur les réponses les plus exactes à toute sorte de questions qu'elle considérerait comme des injures en toute autre circonstance.

Dites, après cela, si des parents qui se sont appliqués pendant de longues années à éloigner de l'esprit, de l'imagination de leurs enfants, toute pensée qui puisse ternir la pureté de leur cœur, ne doivent pas redouter le confessionnal !

Et notez bien que je viens de parler seulement du jeune prêtre au moment où il sort du séminaire, au moment où il a peut-être encore quelques bons instincts, au moment où le contact des vétérans du sacerdoce ne l'a pas encore vicié.

Celui-là faiblit, mais il répare quelquefois sa faute. On en a vu, de ces jeunes vicaires, — rarement, il est vrai, — on en a vu jeter leur soutane aux orties et épouser la jeune fille dont ils avaient effeuillé la couronne virginale. A ceux-là, nous accordons le pardon ; ce qui ne nous empêche pas de continuer à dire que l'institution de la confession est quand même mauvaise ; car, si le prêtre ne s'était pas trouvé là, la jeune fille en aurait aimé un autre plus digne d'elle.

Un petit vicaire peut rentrer dans la vie civile ; il ne vaut jamais un bon et honnête ouvrier qui n'a pas fait cet apprentissage de fainéantise dont la livrée est une soutane.

Méfiez-vous toujours de quiconque a accepté, ne serait-ce que pendant une année, de porter cette livrée honteuse. Dans l'ancien calotin, dans l'ancien séminariste, dans quiconque s'est destiné un moment au métier malhonnête de prêtre, il reste toujours un fond de malhonnêteté. — Il n'y a à cette règle que bien peu d'exceptions ; les Raspail et les Lamennais sont de plus en plus rares.

A plus forte raison, fuyez comme la peste ceux qui ont croupi dans la fange sacerdotale. Ceux-là ne répareront pas les brèches faites à l'honneur des jeunes filles ; ils se joueront d'elles, ils les abuseront sans cesse. Ce ne sont pas des hommes, ce sont des boucs à face humaine. Ils portent partout sur leurs pas, la dépravation, l'obscénité, la honte la plus crapuleuse. — Qu'ils soient maudits !

*
* *

Nous avons examiné la confession dans ce qu'elle a de corrupteur pour la vertu des adolescents. Nous avons dit comment elle prédispose même les enfants à l'impureté. Voyons comment elle peut porter le trouble dans les ménages ; car, tandis que je citais mes extraits de l'*Examen de conscience* du curé Lenfant, on a pu remarquer que messieurs les confesseurs ont de fortes tendances à vouloir pénétrer les secrets de l'alcôve.

Après avoir parcouru les livres que l'on met dans les mains des pénitents, parcourons un peu ceux qui sont destinés aux jeunes abbés des séminaires.

Pour que le prêtre puisse expliquer certaines choses à l'homme ou à la femme qui se confesse à lui, il faut nécessairement qu'il en soit instruit lui-même d'une façon très complète.

C'est dans ce but que les grands théologiens ont imaginé des ouvrages qu'ils appellent *Manuels des confesseurs*. Le plus célèbre d'entre tous est celui qui a été écrit par Mgr Bouvier, évêque du Mans, qui vivait encore il n'y a pas longtemps.

Ce Mgr Bouvier, qui devait à coup sûr avoir dans les veines le même sang que le marquis de Sade, a été honoré de distinctions toutes spéciales par le pape Pie IX, le Borgia du XIXᵉ siècle.

Ici, dans sa conférence, M. Léo Taxil donnait quelques rapides aperçus des Diaconales de Mgr Bouvier ; bien entendu, en choisissant ses extraits, en sautant des mots, en supprimant les passages par trop scabreux. Il lisait encore des morceaux du fameux Compendium, ouvrage dû à la collaboration d'une société de casuistes du XVIIIᵉ siècle, des Pieuses Exhortations de Mgr Claret, archevêque et confesseur d'Isabelle d'Espagne, et enfin de la Mœchialogie (Cours de luxure), du R. P. Debreyne, religieux trappiste.

Nous donnons comme appendice à cette conférence de M. Léo Taxil de nombreux extraits des quatre ouvrages ci-dessus dénommés.

On pourra se faire ainsi une idée de l'enseignement qui est donné aux jeunes abbés des grands séminaires. Comme dans un livre il est loisible de reproduire textuellement des citations quel que soit leur degré d'obscénité (ce qui ne se peut dans une conférence), les lecteurs trouveront donc, à la fin du discours, cent fois plus d'extraits que n'en ont eus les auditeurs.

Une fois faites les citations pour lesquelles nous renvoyons le lecteur à l'appendice qui termine ce volume, M. Léo Taxil ajoutait :

On le voit, messieurs les curés se mêlent de ce qui est le plus intime dans les ménages. Ils demandent à Madame de quelle manière Monsieur se comporte envers elle, s'ils font ensemble ceci ou cela… Oh ! ces questions, disent-ils, sont nécessaires ; il faut qu'ils connaissent tous les détails du péché pour savoir s'ils doivent donner l'absolution ou la refuser.

Est-il possible de pousser plus loin l'astuce et la dépravation ?

Si, chez vous, un des amis de la maison venait demander à votre femme des renseignements sur la manière dont vous agissez avec elle, est-ce que vous ne prendriez pas une trique pour en frictionner avec vigueur les épaules de l'impertinent ? — Oui, n'est-ce pas ? — Pourquoi n'en use-t-on pas de la sorte vis-à-vis de ces calotins dévergondés qui, eux, ne sont pas les amis, mais les ennemis de la maison ?

Est-ce que ces gens-là ont le droit de s'immiscer dans les mystères de l'intérieur des autres ?

Ils ont trouvé cette belle excuse à leur indiscrétion de satyres !… C'est pour éclairer, disent-ils, la conscience des femmes sur les péchés qui se peuvent commettre, qu'ils leur font subir des interrogatoires si minutieux.

Mauvais prétexte ! Nouvelle imposture !

Moins que personne, ils n'ont le droit de connaître comment les époux conjuguent le verbe « se marier », eux qui disent s'être interdit de contribuer à l'accroissement de l'espèce humaine.

S'il est une question dont ils ne doivent pas s'occuper, c'est à coup sûr celle-là.

Qu'ils aillent confesser les nonnes hystériques, leurs dignes femelles, et qu'ils laissent en paix les ménages des honnêtes gens !

*
* *

Mais voilà ! la confession des femmes mariées leur est nécessaire, à ces misérables !

Leur pouvoir est bâti sur la division et sur l'intrigue. Or, par la confession, il leur est facile de semer la discorde dans les familles ; par la confession, ils sont au courant de mille secrets, ils connaissent les côtés faibles des individus. Ils manœuvrent dans l'ombre ; mais leurs plans sont tracés d'après des indications sûres. — Voyez-vous bien le danger ?

Aussi, ce droit de confession qu'ils se sont attribué sera-t-il toujours le privilège qu'ils défendront avec le plus d'énergie.

Cette institution abominable, ils la soutiennent effrontément par les mensonges les plus audacieux. Il est juste de dire que les mensonges ne leur coûtent rien.

Pour défendre leur sacrement de pénitence, il y a des curés qui ont l'aplomb de soutenir que, grâce à la confession, pas mal de voleurs ont restitué ce qu'ils avaient dérobé.

D'abord, il ne suffirait pas d'avancer cela ; il faudrait encore le prouver. J'ai souvent entendu faire valoir cet argument ; mais à ma connaissance jamais aucun curé n'a cité un fait précis.

Si des voleurs ont rendu l'argent dérobé, à la suite d'une visite au confessionnal, que messieurs les prêtres les nomment !

— Ah ! voilà. Ils ne nommeront personne, cela leur est défendu. Il y a le secret de la confession.

Quel procédé commode pour toujours avoir raison ! On articule un fait à l'appui d'une thèse que l'on soutient, et, quand on vous demande les moyens de contrôler votre assertion, on s'efface derrière une consigne. Monsieur l'abbé veut bien affirmer que, grâce au sacrement de pénitence, il a fait opérer des restitutions ; seulement, il ne peut pas, à son grand regret, désigner les personnes en cause, ni même indiquer les circonstances de l'aventure.

Soit. — Mais alors on me permettra de révoquer en doute les assertions de monsieur l'abbé ; car des assertions qui ne sont appuyées d'aucune preuve sont sans valeur, surtout quand celui qui les émet a intérêt à les émettre.

Bien plus, l'excuse du secret de la confession ne me paraît pas sérieuse le moins du monde ; car la prêtraille sait parfaitement passer par-dessus son fameux secret de la confession quand elle y a intérêt.

A-t-on oublié que lors du coup d'État de 51, grand nombre d'ouvriers qui faisaient partie des sociétés de résistance ont été dénoncés par les confesseurs de leurs femmes ?

*
* *

Personnellement, je ne crois pas que les confesseurs aient jamais fait restituer un centime mal acquis. Il se peut que, à des pénitents s'accusant d'avoir dérobé une somme quelconque, les confesseurs aient dit :

— Mon fils, votre action est très coupable. Pour l'expier et l'effacer, vous allez m'apporter la somme que vous détenez indûment et je l'appliquerai à une bonne œuvre catholique. Ce sera la réparation de votre faute.

Voilà ce qui arrive en fait de restitution ; mais on avouera que, si le voleur restitue de cette façon, le volé n'en a pas une plus belle jambe.

La vérité m'oblige à dire qu'il y a un curé, — il existe encore, — qui a opéré quelques restitutions en rendant à des personnes volées l'argent qui leur avait été pris.

Ce curé s'appelle l'abbé Cameigt ; tout récemment, il était à la tête d'une paroisse dans le département des Pyrénées-Orientales. — Voici quel était son manège : quand il allait en visite chez quelqu'un, il filoutait tout ce qui se trouvait à sa portée ; il ne se gênait pas ; si l'on ne s'apercevait pas du larcin avant un certain nombre de jours, il gardait l'argent ou les objets dérobés ; comment se douter que monsieur le curé était le voleur ? Si par contre la disparition de ce que l'abbé Cameigt avait confisqué était aussitôt constatée, dès que notre voleur savait que les victimes faisaient une petite enquête et recherchaient l'auteur du méfait, il se rendait chez le commissaire de police et lui tenait ce langage :

— Monsieur le commissaire, pas plus tard que ce matin, un de mes pénitents est venu se confesser à moi et m'a remis cette somme qu'il a dérobée, il y a quelques jours à Untel. Vous comprendrez, monsieur le commissaire, que les devoirs de mon sacerdoce sacré m'interdisent de la façon la plus absolue de vous dévoiler le nom de ce malheureux pécheur ; tout ce que je puis vous affirmer, c'est que l'infortuné était sous le coup des plus vifs remords. Aussi, je vous prie d'intercéder pour lui auprès de M. Untel afin qu'il retire sa plainte ; vous lui rendrez son argent ; et moi, de mon côté, je prierai Dieu pour que ce pécheur repentant ne succombe plus à la tentation.

Ce n'était pas plus malin que cela. L'affaire s'arrangeait à l'instant ; les volés étaient heureux de rentrer en possession de leur bien ; on soupçonnait Pierre, Paul ou Jacques ; mais en revanche, monsieur le curé se faisait une réputation exceptionnelle de probité.

Malheureusement pour le saint homme, il abusa un peu trop du procédé ; si bien que dans une affaire assez grave qu'il n'était plus temps d'étouffer, un substitut incrédule persista, malgré la restitution, à faire son enquête ; ce qui amena la découverte du pot-aux-roses, et la condamnation de monsieur l'abbé Cameigt à sept années de réclusion. Le procès a été jugé tout récemment par la cour d'assises de Perpignan.

*
* *

Les curés, du reste, sont connus pour être forts pour encaisser, mais durs à la détente. On voit pas mal de monacos entrer chez eux, mais on n'en voit pas beaucoup sortir.

Tenez, j'ai encore entre les mains un petit travail écrit par un ecclésiastique, qui traite la question de la confession, et je vous certifie que M. le théologien ne conseille pas du tout, mais là pas du tout, de restituer l'argent mal acquis.

Ce traité de la confession est l'ouvrage d'un de nos contemporains. L'auteur vit encore, puisque le journal qui les publie au fur et à mesure n'en est qu'à sa quatrième année d'existence.

Ce journal est rédigé spécialement pour les prêtres et par des prêtres.

Voici son titre :

> Le *Journal du Presbytère*, fondé et rédigé d'après le programme des assemblées catholiques, organe des congrégations religieuses, des pèlerinages, des cercles catholiques et de toutes œuvres pies. Nouvelles et *Instructions religieuses*. Paraissant tous les jeudis : bureaux et administration du journal, 4, rue Chauchat, à Paris.

Le numéro que j'ai sous les yeux porte la date du 10 juin 1880. Vous voyez que ce n'est pas vieux.

Dans ce numéro, je lis l'avis suivant :

> — « L'administration du *Journal du Presbytère* s'est assuré la collaboration et le concours zélé de théologiens érudits et de casuistes aussi expérimentés que prudents, afin de répondre, à bref délai, à toutes les difficultés ou consultations du domaine théologique, telles que : *Cas de conscience*, questions de dogme, de *morale pratique*, etc. »

Nous allons un peu voir comment les calotins de nos jours entendent la morale pratique et comment ils traitent les cas de conscience. On ne pourra pas récuser ma citation ; je crois qu'elle ne saurait être plus précise.

Voici donc de quelle façon le moniteur des confessionnaux envisage la question si délicate du chantage, qui est une des manières les plus odieuses d'escroquer de l'argent.

Sous le titre *Théologie morale et pratique*, l'abbé Olivier Piquand écrit ceci :

> On nous demande quelle doit être, pour un confesseur, la solution à donner dans le cas suivant :
>
> Justine, témoin d'un crime que Calixte, son maître, vient de commettre, menace de le dénoncer s'il ne porte à cent francs

ses gages qui jusque-là n'étaient que de quatre-vingts francs, et ne s'oblige à la garder toujours à son service. Justine, ayant du regret d'avoir imposé à son maître ces conditions onéreuses, se présente au tribunal de la pénitence et s'accuse de ce qu'elle croit être une faute.

PRINCIPES

La crainte grave qui a fait une si forte impression sur l'esprit d'un homme qu'elle ne lui a pas laissé la liberté ni donné le temps de réfléchir à l'obligation qu'il contractait, rend le contrat nul et invalide ; car elle a ôté à cet homme le libre consentement de sa volonté, en lui ôtant le loisir d'être attentif à ce qu'il fait ; or, il ne peut y avoir de contrat valide où il n'y a point de libre consentement de la volonté…

Voilà qui est parfaitement raisonné, direz-vous.

Attendez !

Un prêtre ne serait pas un prêtre si, après avoir par hasard dit deux mots de vrai, il ne tombait pas immédiatement dans quelque effronté mensonge.

Mais, ajoute l'abbé Olivier Piquand, la crainte grave, venue d'un principe intérieur ou d'une cause étrangère nécessaire et naturelle, n'annule point, par elle-même, ni les contrats, ni les promesses… La crainte, qui naît d'une cause libre, mais juste, n'annule point un contrat, parce que celui qui contracte par cette crainte, quoiqu'il paraisse en quelque manière agir malgré lui, consent cependant véritablement ; il est libre de ne pas consentir…

Admirez-vous la subtilité ?

La crainte est volontaire dans sa cause : il en est le principe, elle vient de lui plus que de personne ; il y a donné sujet ; en commettant la faute, il s'est soumis à la peine ordonnée par les lois ; il a donné droit au magistrat de l'obliger, par autorité supérieure, de contracter, et c'est librement et de son plein gré qu'il prend ce parti, pour éviter la peine qu'il subirait s'il y manquait.

Ceci posé, nous disons que le confesseur de Justine n'a aucune restitution à ordonner ni à imposer à sa pénitente : son maître a été déterminé par une crainte juste et il a contracté avec pleine et entière liberté.

Ainsi, c'est bien entendu, quand un individu a spéculé sur l'intérêt qu'un autre individu a à cacher une faute, l'Église l'approuve et ne lui ordonne pas de restituer.

Cela est écrit, cela est signé par un ecclésiastique, que ses collègues en soutane qualifient de : théologien érudit, casuiste aussi expérimenté que prudent. Telle est la *morale pratique* de la religion que nos magistrats se font une gloire de pratiquer.

Et, qu'on le remarque bien, cette théorie n'est pas une théorie isolée. C'est la doctrine même du clergé. Un prêtre ne peut pas traiter publiquement des questions de théologie ou de casuistique sans l'autorisation de son évêque. Le *Journal du Presbytère* est imprimé avec l'approbation de Mgr Guibert, archevêque de Paris, — Hippolyte, dans l'intimité.

Voilà donc comment le confessionnal favorise la restitution de l'argent mal acquis. Non seulement la confession ne fait pas rendre gorge aux escrocs ; mais encore, elle autorise la plus vile des malhonnêtetés, le chantage.

Or, du moment que les prêtres reconnaissent le chantage comme une spéculation très légitime, je vous laisse à penser si ces gredins doivent l'exploiter pour leur compte à l'égard des imbéciles dont le sacrement de pénitence leur livre les secrets !

*

* *

Par le sacrement de pénitence, c'est-à-dire par la confession, le prêtre pervertit de bonne heure l'esprit des enfants, pénètre les mystères des alcôves, intrigue, escroque, séduit les jeunes filles et mortifie les maris sans que ceux-ci aient jamais le droit de se plaindre.

Dans la haute société, dans ce qu'on est convenu d'appeler le grand monde, les dames ne se contentent pas d'avoir un confesseur, — il leur faut, par dessus le marché, un directeur de conscience. Le confesseur n'est plus qu'en sous ordre : madame lui débite à la sacristie tout ce qu'elle veut. Le directeur de conscience, lui, a ses grandes et petites entrées à la maison ; il est l'ami par excellence de madame, il dirige toutes ses actions, il a sur elle un empire absolu.

Le métier de directeur a toujours été très bon en France ; mais en Italie et en Espagne surtout, c'est un état. Ce titre est une sauvegarde, même contre le mari.

Le directeur entre ; il bénit en passant le débonnaire époux ; il marche à l'appartement de madame ; il laisse ses sandales ou ses babouches en dehors ;

il ferme ou ne ferme pas la porte ; ces sandales sont les colonnes d'Hercule, défense de les passer. Il est démontré que madame est en conférence avec le Saint-Esprit.

Un mari espagnol, qui se gardait bien de dire, mais qui pensait que le Saint-Esprit a fait jadis une espièglerie notoire, — ce mari, nous raconte Voltaire, perça un trou au-dessus de l'appartement de madame, curieux de savoir ce que le Saint-Esprit faisait avec elle.

Il vit… Je ne sais trop ce qu'il vit, mais il se fâcha et très fort. Il descendit armé d'un bâton, passa bravement les colonnes d'Hercule et chassa le directeur en lui frictionnant vivement l'omoplate.

Après quoi, il rentre chez madame, l'accable de reproches, et en marchant de long en large, selon la coutume des hommes exaspérés, il s'embarrasse les pieds dans une culotte qui n'était pas la sienne, ni celle du Saint-Esprit. — Pièce de conviction qui alimente sa colère pendant une bonne heure ; pendant une bonne heure il exhale son courroux, gesticulant avec la culotte, faisant de grands bras, proférant des blasphèmes épouvantables contre madame et contre le Saint-Esprit ; et, durant ce temps, une procession marchait bénignement et vint s'arrêter à sa porte. — Le chef du couvent voisin marchait en tête et dit au mari stupéfait :

— Nous possédons dans le trésor de notre monastère la culotte de saint Pancrace, qui guérit de la stérilité les femmes qui la baisent. Frère Boniface, dans un accès de zèle l'a soustraite de la sacristie pour la faire baiser à madame ; rendez-nous la culotte de saint Pancrace !

La procession était escortée de quelques estaffiers de la Très Sainte Inquisition, qui marchaient les yeux baissés, le chapelet à la main et l'épée au côté. On ne discute pas avec ces gens-là. Le mari rendit la culotte de saint Pancrace ; on l'emporta en grande cérémonie, accrochée au haut d'une croix ; on la plaça dans la chapelle de la Vierge, et, depuis, les femmes stériles l'entourent d'*ex-voto*.

*
* *

Nous en avons fini avec les directeurs de conscience. Quel que soit le nom qu'ils portent, les confesseurs ne valent pas cher. Quant au sacrement de pénitence, même pratiqué sérieusement, il ne vaut rien du tout.

Où sont donc les avantages de la confession ? Pour ma part, je ne vois à cette institution que des inconvénients qui devraient la faire abolir ; mieux que cela, provoquer des peines sévères contre les individus qui se permettraient d'exercer l'infâme métier de confesseur.

N'oublions pas que le moine dominicain Politien de Montepulciano, qui empoisonna l'empereur Henri VIII d'Allemagne dans une hostie, l'avait absous la veille pour qu'il communiât le lendemain ; que les assassins des Sforce et des Médicis s'étaient préparés au meurtre par la confession ; que Louis XI, quand il avait commis un grand crime, demandait pardon à la petite Notre-Dame de plomb, qu'il portait à son bonnet, allait à confesse et dormait tranquille ; que Jaurigny, assassin du prince d'Orange, Guillaume Ier, n'osa entreprendre cette action qu'après avoir fortifié par le pain céleste son âme préalablement purgée par la confession aux pieds d'un dominicain.

Charles IX qui ordonnait la Saint-Barthélemy, Louis XIV qui baignait les Cévennes de sang, allaient tous deux à confesse. Or, comme quand il s'agit d'une grande affaire spirituelle, un dévôt ne manque jamais de consulter son directeur de conscience, il s'ensuit — et le fait est du reste certifié par l'histoire — que les massacres des Cévennes et de la Saint-Barthélemy ont été conseillés par les confesseurs.

C'est au confessionnal que Jean Châtel, Jacques Clément, Damiens, Ravaillac, ont aiguisé leurs poignards.

En argot de sacristie, se confesser avant de commettre un crime, s'appelle « se faire ramoner. » — C'est un terme consacré. — On nettoie sa conscience de tous les petits péchés véniels de la semaine, on en reçoit l'absolution, et l'on va bravement exécuter un crime à la plus grande gloire de Dieu.

Notez qu'un crime accompli en faveur de la religion n'est pas un crime. C'est une action d'éclat, qui fait du criminel un héros et le désigne à la vénération des fidèles.

Ainsi, que demain le gouvernement fasse rentrer le clergé tout à fait dans le droit commun, lui retire tous ses privilèges et confisque au profit de l'État les biens mal acquis par les congrégations, toute la prêtraille se dira persécutée ; les députés républicains et les membres du pouvoir seront désignés aux vengeances catholiques ; et, si quelque fanatique venait à assassiner, soit le président de la République, soit un ministre, soit un des députés démocrates influents, loin de renier l'assassin, le clergé lui élèverait des autels.

Que ceux qui gouvernent réfléchissent ! Qu'ils réfléchissent, et ils comprendront combien la confession est pernicieuse et combien en général la religion est une chose infâme.

Au siège de Barcelone, les prêtres refusaient l'absolution à ceux qui restaient fidèles à Philippe V, à qui, par parenthèse, ils avaient eux-mêmes prêté serment de fidélité.

En 1750, on refusait à Paris l'absolution et les sacrements à ceux qui n'admettaient point une certaine bulle du pape, la bulle *Unigenitus*, qui n'était point un acte de foi, mais un acte de parti.

Tout récemment, sous la période du Seize-Mai, si bien appelée par le peuple « gouvernement des curés », les prêtres dans les campagnes refusaient l'absolution aux paysans naïfs qui ne voulaient pas voter pour les candidats anti-républicains.

Cela ne prouve-t-il pas que le sacrement de pénitence se transforme entre les mains des calotins en instrument politique ?

CONCLUSION :

La confession n'est pas seulement profondément immorale ; elle offre encore de très grands dangers au point de vue politique ; et, sous quelque rapport qu'on l'envisage, elle doit être interdite, abolie, supprimée.

APPENDICE

I

Les Pieuses Exhortations, de Mgr Claret.

II

Mœchialogie (cours de luxure), du R. P. Debreyne.

III

Compendium ou doctrine des Conciles.

IV

Les Diaconales, manuel des confesseurs, de Mgr Bouvier.

PIEUSES EXHORTATIONS

LA CLÉ D'OR
OFFERTE
AUX NOUVEAUX CONFESSEURS
POUR LES AIDER
A OUVRIR LE CŒUR FERMÉ DE LEURS PÉNITENTS

PAR
Mgr CLARET, ARCHEVEQUE DE CUBA
Confesseur de Sa Majesté Isabelle II, reine d'Espagne

AVEC APPROBATION DE L'ORDINAIRE

PIEUSES EXHORTATIONS

LA CLÉ D'OR

SIXIÈME COMMANDEMENT

LE SIXIÈME COMMANDEMENT : NE PAS FORNIQUER.

CHAPITRE PREMIER

EXHORTATION ADRESSÉE AUX PERSONNES IMPURES, QUI BOIVENT L'INIQUITÉ COMME DE L'EAU, QUI NE CONSIDÈRENT PAS LA LUXURE COMME UN PÉCHÉ, OU QUI LA CONSIDÈRENT COMME UNE CHOSE SANS GRAVITÉ, QUI NE VAUT PAS LA PEINE D'ÊTRE MENTIONNÉE DANS LA CONFESSION. COMBIEN CES PERSONNES SONT AVEUGLES !

Il faut que vous sachiez, mon frère, que la luxure est un péché mortel. En commettant des actes de luxure vous vous mettez en opposition formelle avec le VIe précepte de la loi de Dieu. Après l'action de tuer, c'est le plus gros péché dont on puisse se rendre coupable à l'égard du prochain. Dans le Ve commandement, Dieu nous défend de tuer, et dans le VIe, il nous interdit les choses indécentes. La luxure est un plus grand péché que le vol. Ceux et celles qui s'abandonnent à la luxure méritent l'enfer.

Pour vous faire comprendre la malice de ce péché, j'invoquerai la raison naturelle. Vous saurez, mon frère, que le Créateur a mis en nous une inclination très forte vers les choses de la luxure, parce que si l'homme eût été comme une statue, sans ressentir les aiguillons de la chair, le genre humain eût disparu de la terre en fort peu de temps. Mais les hommes, se sentant poussés à l'acte charnel, ont établi le mariage ; ils épousent une femme et peuvent alors faire ce que permettent les lois du mariage et donner satisfaction à cette passion d'une manière légitime et sans qu'il en résulte le moindre désordre. Ils opèrent comme le mécanisme d'une montre et doivent travailler dans un ordre parfait à la propagation du genre humain. Mais, j'ai dit qu'ils doivent travailler dans un ordre parfait, pour indiquer que les choses ne doivent pas s'accomplir selon les goûts et les caprices de chacun ; en agissant autrement, on se rendrait coupable de très graves délits et on encourrait les plus terribles châtiments en ce monde et dans l'autre.

....

Le vice de l'impureté est très répréhensible et porte un grave préjudice à celui qui s'y adonne. Pour me faire mieux comprendre de vous, je vais faire une comparaison. Je vous ai déjà dit que le Créateur avait donné à l'homme ces inclinations pour la conservation et la propagation de l'espèce ; s'il n'en était pas ainsi, le genre humain aurait bien vite fini ; mais les choses doivent aller avec ordre, en leur temps et en leur lieu. En procédant autrement, on occasionnerait des maux sans nombre, des préjudices considérables qui affecteraient l'espèce et amèneraient sa destruction.

Vous savez ce que c'est que la poudre et vous connaissez ses propriétés ? La poudre s'emploie pour différents usages, pour la chasse, pour la guerre, etc… mais dans un ordre déterminé et selon certaines conditions. Supposez que la poudre vienne à manquer, par exemple, qu'elle s'enflamme dans les fabriques, ou qu'elle prenne feu dans la gibecière des chasseurs ou dans les gibernes des soldats ; aurait-elle servi à quelque chose d'utile ? Non, au contraire, elle aurait occasionné de grands malheurs pour les ouvriers employés dans les poudrières, pour les chasseurs et pour les soldats, comme cela est arrivé maintes fois et aurait fait bien des victimes. Faites maintenant l'application de mon raisonnement : ceux qui se livrent à la lubricité, comme vous le faites, non seulement ne travaillent pas dans l'intérêt du genre humain et selon les desseins du Créateur, mais encore ils nuisent à eux-mêmes et abrègent leurs jours par les tourments et les souffrances qu'ils attirent sur eux pendant cette vie et ils s'exposent à de grands châtiments pour l'autre monde.

CHAPITRE II

EXHORTATIONS AUX LIBERTINS QUI SE LIVRENT A LA MASTURBATION.

Ah ! mon frère, je suis certain que vous ne vous doutez pas de la gravité de ce péché, et je suis persuadé que si vous l'aviez connue, vous n'auriez pas commis de si vilaines actions. Écoutez-moi dans l'intérêt de votre vie : vous savez bien que personne, pour son plaisir ou par caprice, n'a le droit de tuer son prochain ni de se suicider ; vous savez que personne n'est autorisé à disposer de sa vie. Donc, quand vous vous livrez à cette vilenie, vous tuez et vous détruisez en germe ce qui pourrait devenir une créature, un de vos enfants. Quelle barbare action ! Que diriez-vous d'un père qui, pour son plaisir, mettrait à mort ses enfants ? Qu'il se rend coupable de cruauté. Ne mériterait-il pas d'être brûlé vif ? Eh bien, vous êtes ce père cruel, inhumain, barbare, qui, par plaisir, tue ses enfants. Si l'auteur de vos jours eût agi comme vous, bien certainement vous n'existeriez pas et vous n'auriez ni ce corps ni cette vie dont vous faites un si mauvais usage.

Autre préjudice que vous causez à vos enfants et à la société par ces honteuses habitudes. Autre comparaison pour faire ressortir la chose : supposez qu'un individu ait à sa disposition un sac de très bonne farine et une barrique de vin de qualité supérieure qu'il ne devrait consommer qu'en temps opportun. Mais, par caprice, cet individu a jeté à terre et répandu toute la fleur de sa farine et il ne lui est resté que les résidus au fond du sac. Quel mauvais pain il obtiendra de ces résidus ! Il a, de même, laissé couler et gâter le vin généreux, et il ne lui est resté que la lie. Quelle mauvaise boisson il aura pour sa consommation ! Faisons actuellement l'application de l'argument. Vous êtes cet individu auquel le Créateur a donné ce vin généreux de l'amour, pour le boire, quand vous serez marié, en compagnie de votre bien-aimée femme ; mais comme vous avez dépensé vos forces dans les plaisirs déshonnêtes et les folies, vous resterez avec la lie.

....

Dites-moi, mon frère, si on vous offrait une boisson douce et agréable ou un plat de quelque mets savoureux, tout à fait de votre goût, mais si, en même temps, une personne dans laquelle vous auriez confiance vous disait : « Prenez garde ! ne touchez pas à cette boisson ni à ce mets qui vous sont présentés, car ils sont empoisonnés. » Que feriez-vous ? Voudriez-vous les prendre ? Assurément, vous refuseriez d'y toucher. Eh bien ! vous ne devez pas davantage porter à vos lèvres cette coupe d'impureté, si douce et agréable que vous en paraisse la liqueur qu'elle contient, car cette liqueur est un poison pour votre corps et pour votre âme.

....

Perturbation qu'apporte la luxure dans les régions de l'âme.

....

« L'onanisme ou masturbation ou branlement à l'aide de la main s'appelle aussi pollution ; c'est un vice honteux qui exerce de grands ravages parmi la jeunesse actuelle et qui est assez connu de tout le monde ».

I. *Masturbation chez les hommes.* — Ce vice provient quelquefois, chez les enfants, d'une cause intrinsèque, à savoir, d'un système nerveux ou des prédispositions des organes de la génération. Les enfants de cette catégorie contractent ce vice sans qu'on puisse l'attribuer à aucune cause apparente ou à la suite d'attouchements qu'ils pratiquent sur eux-mêmes. D'autres fois le vice est dû à une cause extrinsèque, par exemple, lorsque ces enfants sont touchés, masturbés par d'autres enfants, par des femmes et même par leurs mères, oh! impudeur maudite! lorsqu'elles veulent arrêter leurs larmes, quand ils pleurent; et elles excitent de cette manière chez les enfants ce goût funeste. D'autres fois encore le vice est amené par des attouchements mutuels, les enfants se prenant de passion pour d'autres enfants.

....

II. *Masturbation chez les femmes.* — L'humeur qui provient des pollutions, chez les femmes, est tout à fait différente du sperme produit par l'homme, car elle ne coopère en aucune façon à la conception. — Ce vice, chez les femmes, est une offense à Dieu, une injure pour la femme elle-même et pour la société. Celles qui y sont adonnées s'éloignent du commerce des hommes et ne se marient pas. — Ce vice, chez les femmes, est tout particulièrement libidineux et leur occasionne une grande faiblesse sous un double rapport, par la déperdition de l'humeur et par l'ébranlement qu'il imprime au système nerveux, comme cela peut se remarquer chez les enfants qui ne sécrètent point de sperme. — Les femmes deviennent sujettes à toutes les maladies et meurent misérablement, suivant ce principe médical : « *L'homme périt par les mêmes organes qui servent à sa reproduction.* » Les filles, même celles de l'âge le plus tendre, qui se livrent à ces actions honteuses, peuvent laisser échapper un flux d'humeur, d'après l'axiome : « *Où existe le stimulant, là se produit l'écoulement.* »

CHAPITRE III

CONSEILS AU CONFESSEUR SUR LA CONDUITE QU'IL DOIT TENIR A L'ÉGARD DE CEUX QUI SONT ADONNÉS AU VICE ET PARTICULIÈREMENT A L'ÉGARD DES FEMMES QUI SE LIVRENT A LA MASTURBATION.

Le confesseur devra leur parler avec douceur et affabilité ; il engagera sa pénitente à lui révéler sans rien lui cacher tout ce qui charge sa conscience. Il l'écoutera avec calme ; il évitera de montrer de la curiosité et de témoigner le désir d'apprendre ces sortes d'impuretés ; il ne manifestera pas son étonnement au sujet des choses qui lui sont révélées, quelque abominables qu'elles puissent être. Du reste, je puis dire au confesseur qu'on ne lui apprendra rien de nouveau, puisque nos livres contiennent tous les cas imaginables, et il en connaît beaucoup plus sur la matière que sa pénitente. Cette manière de procéder les encouragera à faire des aveux.

Le confesseur n'interrogera pas tout d'abord sur le fait principal, mais seulement sur les accessoires. Au lieu de questionner sur le péché que la pénitente aura commis, et qu'elle n'ose pas expliquer, il lui dira : Combien de fois l'avez-vous commis ? Si la pénitente hésite à répondre, et si au milieu de la surprise qu'elle éprouve, elle laisse connaître qu'elle a en effet commis le péché, le confesseur lui demandera si elle l'a commis un nombre de fois beaucoup plus grand qu'elle ne l'avait cru. Alors la pénitente voyant son vice deviné, elle dira combien de fois elle a péché. Le confesseur n'attendra pas qu'elle ait achevé de s'expliquer sur le nombre et la gravité des péchés, il lui parlera comme s'il voulait trouver une excuse à ces fautes et lui dira : Assurément vous n'auriez pas fait de telles choses si vous n'y aviez été sollicitée par d'autres personnes. La réponse fera connaître si la pénitente a des complices. Le confesseur sait ainsi qu'elle a péché contre la pureté et que le péché a été commis avec une autre personne. Il lui sera facile de demander ensuite avec quelle personne la chose s'est faite, et d'amener la pénitente à s'expliquer sur la nature et le nombre de péchés commis contre la pureté.

CHAPITRE IV

EXHORTATIONS AUX FORNICATEURS.

Ah ! mon frère, songez combien le vice de l'impureté mérite d'être maudit, puisque non seulement il fait condamner aux peines de l'enfer celui qui le commet, mais encore, celui qui en est infecté devient l'esclave du démon et l'instrument de la perdition d'autres âmes, comme vous en avez fait l'expérience. Vous voyez que l'ennemi du genre humain s'est servi de vous pour entraîner au péché et à sa perte cette malheureuse femme qui est à vos côtés.

Dites-moi, femme, avez-vous péché contre l'impureté quand vous étiez jeune fille ? — Je ne sais pas au juste, je crois que non. — Eh bien, malheureuse ! voyez quel gros péché vous avez commis. Il vous a fait perdre la grâce, l'honneur, les biens de ce monde et les trésors de l'éternité ; peut-être que, bientôt, vous vous livrerez à une vie coupable, et le démon se servira de vous comme d'un appât, pour pousser les âmes dans les enfers. Car c'est ce qui arrive à beaucoup de femmes ; après être tombées dans le péché, elles s'abandonnent à tous les excès d'une vie dissolue : vous aurez à répondre au tribunal de Dieu des péchés que vous aurez commis et de ceux que vous aurez fait commettre. Quel scandale vous avez donné ! C'est de vous que Jésus-Christ a voulu parler quand il a dit : il eût été préférable qu'on lui eût attaché une meule de moulin au cou et qu'on l'eût précipité au fond de la mer.

Excuse. — Mon père, la personne avec laquelle j'ai péché était une femme publique. — Ah ! mon frère, la qualité de la femme ne peut être invoquée pour excuse, pas plus que vous ne pourriez vous justifier d'avoir frappé à coups de couteau une personne en prétextant qu'elle était déjà atteinte de plusieurs blessures.

....

Pendant que Her et Onan se livraient au péché d'impureté, ils furent frappés de mort dans le lit où ils étaient couchés, aux côtés de leurs femmes. (Dans l'écriture sainte, *Nombre XXV*.) Pendant qu'un homme forniquait vilainement avec une femme, survient au même lieu un prêtre nommé Finées. Le ministre de Dieu, dans un accès de saint zèle, se jeta sur les coupables, le poignard à la main, et les tua sur l'heure. Dieu se montra satisfait de cette action, approuva la conduite de Finées, l'en récompensa et pardonna à son peuple.

Vous voyez, mon frère, d'après ce passage de l'Écriture, quelle haine ce péché inspire à Dieu. Notre-Seigneur veut qu'il soit puni en ce monde ; et, à défaut de vengeurs comme Finées, notre Dieu se charge lui-même du châtiment des coupables. Je vais vous raconter un autre fait qui eut lieu dans un village de la Catalogne, et dont je puis vous garantir l'authenticité : Un homme et une femme, qui voulaient forniquer en secret, s'étaient donné rendez-vous dans la maison d'une maquerelle où ils avaient pris une chambre dans laquelle ils s'étaient renfermés. Comme ils y étaient depuis une heure et plus, la maquerelle alla frapper à la porte et leur cria du dehors qu'il était temps de partir. Ne recevant pas de réponse elle se retira, mais elle revint à la charge une deuxième fois, puis une troisième fois sans plus de succès ; elle commença alors de craindre qu'un malheur fût arrivé et alla prévenir l'alcade du village pour lui dire qu'un homme et une femme s'étaient présentés dans sa maison pour lui demander une chambre, ayant à traiter d'une affaire très importante, qu'ils s'étaient renfermés dans la pièce qu'elle avait mise à leur disposition, et qu'après un assez long espace de temps, ne les voyant pas sortir, elle les avait appelés et que n'ayant pas reçu de réponse ni entendu aucun bruit de l'intérieur de la chambre, elle avait craint qu'il ne fût arrivé quelque malheur et qu'elle s'était empressée de venir l'instruire de ce qui s'était passé chez elle. A l'instant, l'alcade se rendit à la maison de la maquerelle, et, ayant été conduit jusqu'à la porte de la chambre, il appela à haute voix en ordonnant qu'on ouvrît ; ne recevant pas de réponse, il commanda qu'on forçât la serrure. La porte étant ouverte, on se précipita dans la pièce et voilà le spectacle qui s'offrit aux yeux des assistants : Dieu tout puissant ! Les deux infortunés entièrement nus, noirs comme les démons, à l'état de cadavres, étaient étendus sur le lit, dans la posture où ils se trouvaient au moment où ils avaient forniqué !… Leurs âmes étaient déjà aux enfers !… Vous voyez par là, mon frère, comment Dieu punit les fornicateurs !

CHAPITRE V

EXHORTATIONS AUX ADULTÈRES

L'adultère, dit Job, est un délit énorme et une grande iniquité, c'est un feu qui dévore ceux qui l'allument imprudemment. L'adultère amène à sa suite des malheurs sans nombre pendant la vie et pousse les âmes dans les flammes de l'enfer.

Ah ! mon frère, l'adultère est un si grand péché, que Dieu commandait aux Hébreux de tuer à coups de pierres ceux qui s'en rendraient coupables.

Chez les Gentils, on leur infligeait les peines suivantes : On brûlait la femme vive et au-dessus du bûcher on élevait une potence où l'on attachait l'homme ; il était pendu. Les Grecs coupaient le nez à la femme qui consentait à l'adultère.

....

Ah ! femme, si on vous appliquait la peine en usage chez les Grecs ! Si vous deviez aller dans la rue après avoir eu le nez coupé ! Quelle honte, quelle humiliation ce serait pour vous ! Assurément vous préféreriez mourir que d'en être réduite à cette extrémité. Cependant voilà le châtiment que vous avez encouru.

CHAPITRE VI

EXHORTATIONS AUX SODOMISTES, AUX HOMMES ET AUX FEMMES QUI COMMETTENT LE PÉCHÉ DE SODOME

On donne le nom de sodomie au péché que commettaient les habitants de la ville de Sodome et que Dieu punit d'une façon terrible. Il fit tomber sur eux une pluie de feu et de soufre et les brûla vivants ; ils passèrent ensuite du feu matériel au feu éternel de l'enfer.

Certains auteurs assurent que Notre-Seigneur Jésus-Christ a une telle horreur de ce péché, que la nuit où il naquit, à Bethléem, il tua tous les sodomistes.

....

Au nom de Dieu, mon frère, ma sœur, ne commettez pas un péché si infâme : Dieu vous punirait dans ce monde, parce que c'est un de ces péchés qui appellent la vengeance de Notre-Seigneur ; ensuite il vous condamnerait, après votre mort, aux peines éternelles de l'enfer.

....

CHAPITRE VII

EXHORTATIONS A CEUX QUI COMMETTENT LE PÉCHÉ DE BESTIALITÉ.

Quel délit épouvantable ! — Les hommes et les femmes qui s'en rendent coupables se montrent pires que les plus immondes parmi les animaux. — Ce péché est désigné par le même mot dont on se sert pour indiquer le commerce charnel avec le démon…

Ah ! mon frère, si Dieu vous appliquait le châtiment que vous avez mérité, où seriez-vous à cette heure ? — Dans les enfers pour y brûler éternellement, accouplé à ces bêtes infernales qui sont les démons. — Si vous ne vous repentez de vos péchés, si vous ne faites pas pénitence, Dieu vous enverra aux flammes de l'enfer, accouplé aux démons pour toute l'éternité. — Il y aura là des pleurs et des grincements de dents.

CHAPITRE VIII

EXHORTATIONS AUX ONANISTES

Le péché d'Onan est un si vilain péché que Dieu Notre-Seigneur le punit déjà dans ce monde. — Il est dit, dans l'Écriture sainte, que Dieu frappa de mort subite deux personnes mariées qui commettaient ce genre de péché, et au moment même de la fornication…

Au nom de Dieu ! mon frère, ne vous livrez pas à de telles abominations ; n'employez pas de si affreux moyens pour faire obstacle à l'ouvrage de Dieu. Rappelez-vous que c'est pour procréer des enfants que vous vous êtes marié.

Excuses. — Premièrement. Pour ne pas avoir d'enfants.

Quelle déplorable justification ! Si votre père eût agi comme vous, il est bien certain que vous n'existeriez pas. — Comment ! pour ne pas avoir d'enfants, c'est ainsi que vous les tuez !

Deuxièmement. Pour ne pas avoir autant d'enfants.

Vous ne voulez avoir autant ou plus d'enfants ! Eh bien, vous aurez un plus grand nombre de démons qui vous tourmenteront dans les enfers.

Troisièmement. Mon père, nous sommes pauvres, ma femme et moi, comment pourrons-nous élever une nombreuse famille ?

Vous deviez penser à cela avant de vous marier. Néanmoins ne tourmentez pas votre esprit pour cet objet. Dieu vous viendra en aide.

Quatrièmement. Mon père, si nous avons beaucoup d'enfants, nous ne pourrons pas leur procurer une éducation convenable.

Faites ce que vous pourrez afin de donner une bonne éducation à vos enfants, et Dieu se chargera du reste : ne soyez pas effrayé à l'idée d'avoir beaucoup de filles et de garçons à établir, la Providence viendra à votre secours… Ce n'est pas le hasard qui amènera beaucoup d'enfants dans une famille, c'est Dieu qui en a ainsi décidé. — Combien y a-t-il de personnes qui s'emploient de leur mieux et forniquent pour en avoir beaucoup et n'en obtiennent que quelques-uns ou même n'en obtiennent pas du tout ? Vous avoir accordé plus d'enfants qu'à d'autres pères est la preuve que Dieu a plus de confiance en vous que dans un autre. Si un roi donne à un général un plus grand nombre de places de guerre à garder qu'à un autre général, plus d'affaires à conduire à un ministre qu'à un autre, plus de ses enfants à élever et à instruire à un précepteur qu'à un autre ; n'est-ce pas une preuve de sa plus grande confiance dans les uns que dans les autres ? Donc, le Seigneur, en vous accordant plus d'enfants qu'à d'autres pères, vous a donné une preuve de la grande confiance qu'il a placée en vous. Combien serait coupable le général honoré de la confiance du roi, s'il détruisait les places mises sous sa garde, moins une ou deux, sous prétexte qu'il garderait mieux celles qu'il a conservées.

Cinquièmement. Mon père, nous agissons de cette manière, afin de pouvoir donner tous nos soins à un enfant qui est tout jeune, et pour ne pas le mettre en nourrice.

Il est prouvé qu'une femme nouvellement accouchée peut être engrossée sans que cela nuise à sa santé : mais en serait-il autrement, les choses ne s'en devraient pas moins faire selon les règles.

Excuses de la femme. — Mon père, je ne voudrais pas faire l'acte charnel contrairement au précepte : c'est mon mari qui veut que la chose se passe de cette manière.

Si vous ne donnez pas réellement votre consentement à cette action blâmable, si vous ne vous prêtez pas complaisamment à ce délit, le péché ne retombe pas sur vous, mais sur votre mari.

……… ………… …

Nous sommes consentants à la chose, mon mari et moi, parce que mes couches sont très laborieuses et me causent de grandes souffrances.

Vous souffrirez bien davantage dans les enfers où vous irez, si vous ne vous amendez pas. Peut-être que les douleurs que vous éprouvez sont le châtiment que vous avez encouru pour des péchés de cette espèce ou d'une autre nature que vous avez commis, ainsi qu'il est arrivé à notre première mère Ève, que Dieu condamna à enfanter avec douleur pour la punir d'avoir contrevenu à ses ordres. Faites un retour sur vous-même, madame ; songez qu'en continuant à agir comme vous le faites, vous vous exposez à attirer sur vous, un jour ou l'autre, les soupçons de votre mari, car vous pouvez devenir enceinte, malgré tous les soins que vous apportez pour éviter ce résultat. La chose est facile à se produire, plus que vous ne vous le figurez. Alors, votre mari, s'imaginant qu'il n'a point participé à la conception, vous accusera d'infidélité ; il s'ensuivra des disputes, des discordes ; ce sera l'un des châtiments que vous aura attirés le péché que vous avez commis tant de fois. Et, lors même que vous n'auriez pas à craindre les soupçons de votre mari, il existe un autre danger, c'est que l'enfant que vous mettrez au monde ne soit estropié, difforme ou chétif, parce qu'il aura manqué, au moment de la conception, une partie de la semence qui eût été nécessaire à la consommation de l'acte. On peut dire qu'une paire de bas ne fera jamais un aussi bon service et n'aura une aussi longue durée que si on avait employé pour sa fabrication tout le lin ou le coton nécessaire.

Avertissement. — La chose se fait quelquefois à l'insu du mari, et la femme, à l'instigation du diable, use de détestables artifices pour empêcher la conception. Tantôt elle repousse le membre viril hors du vagin, au moment de l'éjaculation, pour que le sperme ne s'introduise pas dans la matrice ; tantôt elle cherche à arrêter l'écoulement de sa propre semence en retenant sa respiration ; d'autres fois, après le coït, elle retire le sperme de la matrice avec un linge ou avec ses doigts ; ou bien elle se lève du lit pour uriner, elle boit de l'eau, etc…

Il convient d'avertir cette malheureuse et coupable femme que toutes ces précautions, le plus souvent, manqueront leur effet ; car si la nature l'a prédisposée à la conception, il arrivera pour elle ce qui se produit pour la poudre, qu'une seule étincelle suffit à allumer. Une fois le feu mis à la poudre, rien ne peut arrêter la combustion. Donc il faut renoncer à des moyens qui n'aboutissent pas au résultat qu'on s'était proposé et qui chargent l'âme de péchés.

A la femme mariée qui met en usage ces pratiques coupables, on dira : Sachez bien qu'en vous mariant, vous avez accepté les obligations et les conséquences du mariage, qui consistent : à rendre le devoir conjugal, à mettre au monde peu ou beaucoup d'enfants, suivant ce que Dieu en décidera, et au milieu des douleurs de l'enfantement.

········· ··········· ···

CHAPITRE IX

EXHORTATIONS AUX FEMMES QUI REFUSENT DE RENDRE LE DEVOIR CONJUGAL A LEURS MARIS

« Considérez, ma très chère sœur, qu'un mari qui chérit sa femme, et ressent pour elle une grande passion, ne peut garder la continence. Vous êtes tenue, sous peine de très grave péché, de lui ouvrir vos bras et de donner toute satisfaction à ses sens. Pour me faire comprendre de vous, je vais appuyer mon raisonnement sur une comparaison : Si, par exemple, vous vous trouviez prise d'un gros besoin et si, ayant exprimé à votre mari le désir de satisfaire aux nécessités de la nature, celui-ci vous engageait à remettre la chose au lendemain ou à huit jours de là, vous vous diriez assurément que votre mari est un imprudent ou un imbécile, qu'il vous est absolument impossible d'attendre au lendemain, et vous iriez déposer votre « *merda* » dans un lieu quelconque. La situation dans laquelle se trouve votre mari est tout à fait semblable à celle qui se produirait dans ma comparaison ; et si vous refusez de le recevoir, il ira répandre son sperme dans un autre vase que le vôtre, et vous porterez le péché de son incontinence. Les femmes, très souvent, s'exposent, par des imprudences, à perdre l'affection de leurs maris. Elles se lamentent parfois de ce que les hommes fréquentent d'autres femmes, ont des maîtresses, et viennent leur rapporter leurs souillures... Il eût été facile d'éviter ces désagréments en ne refusant pas de rendre le devoir conjugal quand il était demandé. »

Autre exhortation. — Si vous achetez un vase, un plat, etc... et que vous en preniez possession, vous vous en servez quand il vous convient ; il est devenu votre propriété et a cessé d'appartenir à celui qui vous l'a vendu. Il en est de même des choses qui ont trait au mariage. Lorsque vous vous êtes mariée, vous avez fait un contrat avec votre mari ; celui-ci vous a cédé sa personne, et vous lui avez cédé votre corps ; alors la personne de votre mari est à vous et votre corps lui appartient ; chacun de vous a le droit de se servir du corps de l'autre, mais d'une façon licite et raisonnable. Vouloir se soustraire à cette obligation serait vouloir commettre une injustice qui entraînerait des dissensions et qui deviendrait l'occasion de péchés.

....

Avertissement. — Le confesseur doit savoir que si le mari de sa pénitente est onaniste, c'est-à-dire s'il répand le sperme hors du vase naturel, celle-ci est tenue d'employer les moyens que lui dictent la prudence et la charité pour l'amener à s'amender. Mais si le mari refuse de s'amender et si la femme craint qu'il persiste dans ses agissements, comme la chose est présumable, celle-ci peut néanmoins rendre le devoir conjugal, à la condition de ne pas se complaire dans le crime de son mari, d'après la réponse de la sacrée congrégation de la Pénitence, du 23 avril 1832.

QUESTIONNAIRE
A L'USAGE DES CONFESSEURS
Pour interroger les jeunes filles qui ne savent pas ou qui n'osent pas faire l'aveu de leurs péchés d'impureté.

PÉCHÉS QUE LES JEUNES FILLES COMMETTENT HABITUELLEMENT DANS CETTE MATIÈRE

I

1. — En se livrant à la masturbation, regardant leurs parties sexuelles et faisant des attouchements sur elles-mêmes.

2. — En caressant légèrement avec la paume de la main la partie supérieure de la matrice.

3. — En touchant du doigt le clitoris à l'intérieur du vase, etc.

4. — En introduisant le doigt dans le vagin.

5. — En introduisant dans le vagin un morceau de bois arrondi, etc... ou tout autre objet figurant le membre viril...

6. — En appuyant les parties sexuelles contre les pieds d'une table ou sur l'arête d'un mur, pour exciter la pollution ; ou en les frottant contre la chaise sur laquelle la jeune fille est assise ; ou en s'asseyant à terre et appuyant le bout du pied sur le vase ; ou encore en croisant les cuisses et exerçant une pression sur la matrice, et en faisant des mouvements sur elle-même pour produire des sensations vénériennes, etc...

Tous les moyens pour arriver à la masturbation étant de même nature, il n'y a pas nécessité absolue de faire s'expliquer les pénitentes pour savoir si elles ont procédé d'une façon ou d'une autre, car le confesseur pourrait ne pas en obtenir la vérité, la honte pouvant arrêter leurs aveux. Alors il résulterait de cette cause une mauvaise confession.

II

En se faisant des attouchements, une jeune fille avec une autre, ou plusieurs jeunes filles entre elles. En se livrant à la sodomie entre jeunes filles ; parfois les sœurs entre elles, surtout si elles couchent dans le même lit, une appliquant le pied, la cuisse ou la jambe de l'autre sur ses parties sexuelles, etc... et provoquant ainsi la pollution.

III

En se faisant mutuellement des attouchements, de fille à garçon, aux parties sexuelles. Parfois, en essayant de forniquer d'une manière imparfaite.

IV

1. — Bestialité. En appliquant la matrice sur un animal quelconque, et en se frottant contre lui pour amener la pollution.

2. — En introduisant dans le vase le bec d'un poulet ou d'une poule. Ou bien en mettant de la salive ou du pain dans la matrice et en attirant un chien pour faire lécher les parties pudiques par l'animal. Ou encore, en masturbant un chien pour faire raidir sa verge et l'introduire dans son vase.

MŒCHIALOGIE

TRAITÉ
DES PÉCHÉS CONTRE LES SIXIÈME ET NEUVIÈME
COMMANDEMENTS DU DÉCALOGUE
ET
DE TOUTES LES QUESTIONS MATRIMONIALES
QUI S'Y RATTACHENT DIRECTEMENT OU INDIRECTEMENT

PAR
LE PÈRE DEBREYNE
Trappiste

(Ce livre est exclusivement destiné au clergé)

MŒCHIALOGIE[1]

[1] Ce mot vient du substantif latin *mœchia* qui veut dire : luxure, fornication, concubinage, et du substantif grec *logos*, qui veut dire : discours, science, traité. *Mœchialogie* signifie donc : Cours de luxure ou Science de la fornication.

COURS DE LUXURE

RÉFLEXIONS PRÉLIMINAIRES
SUR LE PÉCHÉ DE LUXURE EN GÉNÉRAL

On entend par luxure tout péché contraire à la chasteté : à la chasteté est opposée la luxure, qui est un appétit ou un usage désordonné des plaisirs vénériens ou, tout simplement, un appétit désordonné de la délectation vénérienne.

Tout péché de luxure ou de délectation charnelle est mortel de sa nature : il n'admet pas de légèreté de matière, du moins quand il est directement opposé à la chasteté… La raison elle-même sanctionne cette immuable vérité ; la délectation vénérienne n'a été accordée que pour la seule propagation du genre humain ; donc toute interversion de cette délectation est, de sa nature, un grave désordre et par conséquent un péché mortel.

Nous avons dit que le péché de luxure n'admet pas de légèreté en la matière. On sent assez que, sous ce rapport, il ne peut être question ici des péchés de luxure consommés. Nous ne parlons donc que de la délectation charnelle, libidineuse, qui suivant le langage des théologiens se fait sentir dans les parties vénériennes, et vient du mouvement des esprits qui servent à la génération. « C'est une opinion probable qu'il n'y a que péché véniel dans un baiser donné en vue de la délectation charnelle et sensible qui l'accompagne, exclus le danger d'un consentement ultérieur et de la pollution. »

La délectation organique est celle qui, disent les docteurs, a lieu sans aucun mouvement déréglé, qui, sans aucune commotion du sens génital, vient de la seule proportion de l'objet avec le sens ou de la conformité de l'objet vu ou touché avec l'organe de la vue ou du tact.

D'où il suit, comme dit Billuart[2], que celui-là ne pèche que véniellement, qui regarde une belle femme, ou touche sa main ou son visage en vue précisément de la délectation purement organique ou sensuelle. La délectation organique peut encore avoir lieu dans un baiser donné à un bel enfant…

[2] Le R.-P. Charles-René Billuart est un célèbre théologien et prédicateur, né en 1685, mort en 1757. Il était provincial de l'Ordre des Dominicains, c'est-à-dire le chef des dominicains de France.

… De la délectation sensuelle à la vénérienne, surtout dans le sens du tact ou de la vue, il n'y a qu'un pas, dit Billuart.

D'autres théologiens, entre autres saint Liguori, prétendent, avec quelque modification pourtant, qu'il n'y a pas légèreté de matière dans la délectation sensible ou naturelle, si, par exemple, on se délecte au contact d'une main de femme, comme à celui d'une chose douce, d'une rose, d'une étoffe de soie, ou autres choses semblables… La raison en est que les attouchements d'une jeune fille ou d'un jeune homme, en tant qu'ils délectent les sens, tendent naturellement à la pollution… parce que, à cause de la corruption de la nature, il est moralement impossible d'éprouver cette délectation naturelle, sans que la délectation charnelle et vénérienne soit ressentie, surtout par les personnes aptes à la copulation, et surtout si ces actes sont accompagnés de quelque affection et complaisance…

PREMIÈRE PARTIE
DE LA LUXURE CONSOMMÉE ET NON CONSOMMÉE

La luxure est consommée lorsqu'elle va jusqu'à l'effusion du sperme ; non consommée, quand elle reste en deçà.

CHAPITRE PREMIER
DE LA LUXURE CONSOMMÉE

Les péchés de luxure consommée se divisent en péchés contre la nature et en péchés suivant la nature, ce qui fera la matière de deux articles.

ARTICLE PREMIER

DU PÉCHÉ DE LUXURE CONTRE NATURE

Ce péché est appelé contre nature, parce qu'il consiste dans l'effusion du sperme en dehors de tout coït propre à la génération, ou autrement, parce qu'il est opposé à la loi à laquelle la nature a destiné le sperme humain. Il est de trois espèces :

- La pollution ;
- La sodomie ;
- La bestialité.

De là, encore trois paragraphes.

§ I

DE LA POLLUTION EN GÉNÉRAL

Ce que les théologiens entendent par *pollution*, c'est la *masturbation, l'onanisme solitaire, l'incontinence secrète, les mollities*, etc., c'est-à-dire l'effusion du sperme en dehors du vase — (de la partie sexuelle de la femme).

La semence humaine, ou sperme, est une humeur visqueuse, épaisse, d'une odeur *sui generis* assez connue.

....

On divise la masturbation, l'onanisme solitaire ou la pollution :

1º En masturbation simple et *qualifiée*, comme disent les théologiens, ou plutôt composée puisqu'elle renferme une double malice ;

2º En masturbation volontaire ou involontaire ;

3º En masturbation volontaire directe ou en soi, et en volontaire indirecte ou volontaire dans sa cause.

La masturbation simple est celle qui n'a pas une autre malice qui s'y adjoint, comme lorsque quelqu'un, sans être attaché par aucun lien personnel, souille son corps en se complaisant dans sa propre délectation.

La masturbation est dite qualifiée, quand elle renferme une double malice de la part de l'objet pensé ou désiré, ou de la part du masturbé ou de celle du masturbant : 1º De la part de l'objet pensé, la masturbation revêt la malice de l'adultère, de l'inceste, du stupre, du sacrilège, etc., selon que le masturbant pense à une femme mariée, à une parente, à une vierge, ou à une personne consacrée à Dieu, etc... 2º De la part du masturbé ou du masturbant, si par exemple il est marié ou consacré à Dieu par vœu ou par la réception des ordres sacrés : car il faut expliquer les conditions de la personne masturbée ou masturbante, comme ajoutant au péché des malices spécifiquement différentes. Il faut aussi de toute nécessité déclarer en confession les circonstances susdites, parce qu'elles changent l'espèce du péché et ajoutent à sa malice...

••••••• ••••••••••• •••

L'ONANISME SOLITAIRE. — LA MASTURBATION VOLONTAIRE EN SOI OU DIRECTEMENT VOULUE

C'est un péché mortel, de sa nature et contre la nature. L'action d'Onan qui répandait son sperme à terre est déclarée détestable dans la Sainte-Écriture.

••••••• ••••••••••• •••

Il est une espèce de souillure manuelle qu'on pourrait appeler incomplète, nerveuse, sèche, en tout point semblable, pour la forme extérieure, si l'on peut parler ainsi, à la masturbation proprement dite, mais avec cette différence qu'elle ne va pas jusqu'à l'éjaculation.

••••••• ••••••••••• •••

DE LA POLLUTION VOLONTAIRE DANS SA CAUSE OU INDIRECTEMENT VOULUE

Cette sorte de pollution reconnaît deux causes : l'une prochaine et l'autre éloignée.

La cause prochaine est celle qui, par sa nature, porte directement à la masturbation, comme par exemple, de regarder ses propres organes génitaux ou ceux des autres, de proférer des paroles obscènes, de se complaire dans des pensées honteuses, etc...

La cause éloignée n'est pas de nature à produire directement la masturbation, elle ne l'occasionne que par accident et contre l'intention des personnes. Ces sortes de causes sont ordinairement un excès dans le boire et le manger, l'équitation, l'étude de matières érotiques, *l'audition des confessions*, etc.

••••••• ••••••••••• •••

Il est cependant permis d'étudier les matières vénériennes en vue de l'enseignement ou de la distraction, d'entendre les confessions des femmes, de converser avec elles utilement, honnêtement et sagement, de les visiter avec gravité et décence, et pour des motifs d'une urgente convenance, ou même de les embrasser dans le monde selon les mœurs du pays, d'aller à cheval pour son utilité, de se coucher d'une certaine manière quand on ne peut pas dormir autrement, d'user modérément de la boisson ou d'aliments chauds, ou prescrits pour la santé, ou d'un usage habituel, de servir les malades, de les mettre dans le bain, d'exercer la profession de chirurgien ou de sage-femme, etc…, quand même on pourrait prévoir que la pollution doit s'en suivre, pourvu qu'on ne se la propose pas, et qu'on ait le ferme propos de n'y pas consentir, avec l'espérance fondée de persévérer dans cette résolution ; ce qui se reconnaît dans l'espèce par les expériences déjà faites, soit au défaut de la crainte du péché, soit à la fragilité personnelle et à la propension au mal, ou à d'autres circonstances semblables.

Section troisième

DE LA POLLUTION NOCTURNE

La pollution nocturne est celle qui survient pendant le sommeil de la nuit… Si le sommeil est imparfait, elle peut être semi-volontaire et par conséquent péché véniel ; si le sommeil est parfait, la pollution est tout à fait involontaire et par conséquent exempte de toute faute.

……… ………… …

Voici comment Billuart s'exprime à ce sujet :

« La pollution nocturne est ou n'est pas péché, selon la condition de la cause dans laquelle elle a dû ou pu être prévue. Si la cause n'est pas coupable, la pollution ne sera pas non plus coupable : si la cause est véniellement coupable, elle sera vénielle : si la cause est mortelle, elle sera mortelle. » (*Dissertatio* IV, art. 13.)

Maintenant, quelle est la règle à suivre ou la conduite à tenir, lorsqu'une pollution préparée, imminente ou commencée pendant le sommeil, on s'éveille avant que l'éjaculation se soit produite ?…

Personne n'est tenu (pourvu cependant qu'il n'y ait pas danger de consentement au plaisir, et qu'on ne le provoque pas volontairement) d'empêcher une pollution spontanée, ou déjà commencée, dans le sommeil ; mais on peut pour cause de santé laisser la nature se soulager ; car ce n'est pas procurer, mais souffrir l'écoulement d'un liquide qui, d'ailleurs corrompu, nuirait à la santé.

Quand la pollution commence dans le sommeil, dit saint Liguori, et que l'émission a lieu dans le demi-sommeil, dans ce cas, si on éprouve quelque délectation, non pleinement voulue, on ne pèche que véniellement comme le remarquent les pères de l'Église. Mais quand l'émission commence dans le sommeil, et est consommée en pleine veille, dans ce cas (pourvu qu'il n'y ait pas consentement dans la délectation, ou danger prochain de consentement d'après l'expérience du passé), on n'est pas tenu de l'empêcher ; soit parce qu'il est très difficile d'arrêter l'écoulement du sperme une fois sorti des reins, comme disent généralement de nombreux théologiens ; soit parce que personne n'est tenu d'empêcher l'éjaculation en s'exposant au danger d'une maladie provenant de la corruption du fluide.

Voici l'opinion du R. P. Sanchez :

Quand la pollution est un flux naturel et a commencé pendant le sommeil, il sera permis de ne pas l'empêcher, à cause du danger de mort, parce que ce n'est pas procurer, mais souffrir l'éjaculation du sperme, que le patient n'empêche pas, de peur que cette humeur corrompue ne nuise à sa santé.

....

Voici, maintenant, l'opinion d'un théologien fort sage et fort prudent :

La pollution commencée dans le sommeil ne peut être continuée dans l'état de veille, d'après beaucoup de théologiens, contre un assez grand nombre d'autres qui disent qu'à cause des inconvénients pouvant provenir de son interruption, on peut en permettre simplement la continuation en élevant son cœur à Dieu. C'est l'avis de *Gerson*, de *Billuart*, etc…, parce que, disent-ils, outre les inconvénients et les indispositions qui en résulteraient pour le corps, la pollution commencée pendant le sommeil n'est plus soumise à la volonté. Mais cette raison n'emporte pas l'assentiment. Je ne serais de l'avis de ces théologiens que dans le cas, rare, où il y aurait danger d'en ressentir une grave indisposition, et sans danger de consentement en une matière si délicate ; peut-être d'ailleurs ne suffirait-il pas de n'y pas consentir, si en même temps on ne cherchait à l'empêcher par quelque effort, par exemple, en retenant l'éjaculation, en cherchant dans son lit un endroit frais, en sortant du lit ; de même si la pollution arrive dans l'état de veille.

....

Nous terminons cette question par l'extrait suivant de Billuart :

Il est certain : 1° Qu'il y a péché mortel à jouir de la pollution nocturne, ou de la désirer pour le plaisir, parce qu'alors l'objet est mortellement mauvais, puisque la délectation vénérienne ne doit tendre de sa nature qu'à la seule génération dans l'acte conjugal.

Il est certain : 2° Que le désir efficace de la pollution, c'est-à-dire celui qui la cause, ou en vertu duquel on emploie les moyens propres à l'occasionner, est également péché mortel, parce qu'alors elle devient volontaire et ne reste pas purement naturelle.

Il est certain : 3° Qu'il est permis de jouir de l'effet bon de la pollution, comme de la santé ou de la cessation de la tentation qu'elle cause, ainsi que de désirer cet effet, parce que cet objet est bon. Pour la même raison, il est permis de se réjouir de ce que la pollution a eu lieu sans péché et purement naturellement.

Section quatrième

DE LA POLLUTION DIURNE

La pollution (ou masturbation) diurne est celle qui a lieu pendant le jour, ou plus généralement et plus exactement dans l'état de veille.

....

La distillation est une excrétion uréthrale ; une espèce de *blennorrhée* connue par les anciens sous le nom impropre de *gonorrhea benigna* (chaudepisse bénigne). La matière de la distillation est tout à fait différente du vrai sperme, et ne renferme aucun animalcule microscopique. Cette matière visqueuse est la matière que peuvent rendre les impubères et les eunuques, soit par la masturbation, soit par la stimulation mentale, au moins pour ces derniers.

Il existe une différence immense entre la distillation et la pollution.

Voici ce que, sur cette question, dit saint Liguori :

« Si cette distillation a lieu avec une notable agitation des esprits, sans doute elle est un péché mortel, parce qu'une telle agitation est un commencement de pollution. Il en est de même si la distillation s'opère en grande quantité, parce qu'une distillation aussi considérable ne peut avoir lieu sans une notable rébellion de la chair ; d'où il suit que de même qu'on pèche gravement en procurant une notable agitation, on pèche gravement aussi en procurant une grande distillation. Par conséquent, nous sommes tenus, sous une grave obligation, d'éviter non seulement directement, mais encore indirectement, ces sortes de distillation, en évitant toutes les causes qui influent prochainement sur elles… Mais si la distillation s'opère en petite quantité, sans délectation et sans agitation, alors on peut la permettre sans péché, comme dit le R. P. *Cajetan*, etc… et les autres communément ; parce qu'on ne doit pas plus se soucier de ce flux que de l'émission de quelque autre sécrétion dont la nature a l'habitude de se soulager. »

Section cinquième

DES MOUVEMENTS DÉRÉGLÉS

....

Page 52 : — Souvent il ne convient pas de s'y opposer par un effort positif ; car alors l'imagination s'enflamme par cet effort même, et par sympathie excite encore davantage les esprits génitaux ; il est donc plus sûr d'invoquer tranquillement Dieu, la bonne Vierge, l'ange gardien, de prier son patron et les autres saints, de fuir les objets dangereux, de détourner tranquillement sa pensée des images obscènes, de la tourner ailleurs, et de s'appliquer sérieusement à d'autres occupations surtout extérieures.

Page 53 : «*Quæritur an manere...*» — On demande si rester indifférent à l'égard des mouvements de la concupiscence involontaires, sans les approuver ni les désapprouver, est un péché et quelle espèce de péché ?

Réponse. — 1° Tous les théologiens sont d'avis qu'une telle indifférence est au moins un péché véniel, parce que l'esprit est tenu au moins de s'opposer aux mouvements désordonnés de la concupiscence.

2° *Sanchez, saint Liguori*, l. V, n° 6, et beaucoup d'autres disent que ce péché, en dehors du péril prochain de la pollution, n'est que véniel ; car, disent-ils, les mouvements désordonnés doivent être réprimés, parce qu'il est à craindre qu'ils ne mènent à la pollution, ou qu'ils n'entraînent le consentement de la volonté à la délectation vénérienne ; donc si ce danger n'existe pas ou s'il est éloigné, il n'y a qu'une obligation légère de l'éviter. Mais ils soutiennent qu'il y a obligation sous peine de péché mortel de résister positivement au moins par un acte de déplaisance, s'il y a danger prochain de tomber dans une pollution, ou de consentir à la délectation vénérienne.

D'autres, plus communément, enseignent que l'indifférence avec pleine advertance touchant les mouvements désordonnés, même légers, est un péché mortel, tant à cause de leur propre désordre qu'à cause du danger d'y consentir. C'est l'avis des R. P. *Valentina*, *Lessius*, etc…

Section sixième

DE LA CONDUITE A TENIR ENVERS LES MASTURBATEURS OU LES ONANISTES

Ce chapitre de la *Mœchialogie* du P. Debreyne n'est, à peu de chose près, que la reproduction du § V, chap. III du *Manuel des confesseurs*, par Mgr Bouvier. Ayant, à sa place, cité ce paragraphe, nous y renvoyons nos lecteurs.

Section septième

DE LA MASTURBATION CONSIDÉRÉE DANS LE SEXE FÉMININ

······· ·········· ···

La plupart des théologiens, des moralistes, des casuistes mentionnent à peine la masturbation chez la femme comme désordre possible. Une foule de traités *ex professo* sur le sixième commandement n'en disent pas un mot. *Est-il étonnant de voir, après cela, tant de jeunes prêtres très ignorants sur cette matière ?*

Nous distinguons dans les femmes trois espèces ou plutôt trois formes de masturbation :

- 1° *La masturbation du clitoris* ;

- 2° *La masturbation vaginale* ;

- 3° *La masturbation utérine.*

1° La première forme ou le *clitorisme*, comme on dit, est le mode ordinaire. Cette masturbation se fait surtout à l'aide du petit organe qui s'appelle le *clitoris*, et qui, selon les médecins, est le siège ou le principal organe de la jouissance vénérienne ou de la volupté charnelle. Il est situé à la partie supérieure et au milieu de la vulve, c'est-à-dire du *pudendum*. Ce petit organe, par suite d'un éréthisme fréquent et presque continuel venant de l'écoulement ou d'une disposition native, peut croître en de telles proportions, qu'il simule quelquefois le membre viril. C'est de là qu'aux temps d'ignorance, est née la fausse croyance aux hermaphrodites. C'est ainsi que des femmes perdues et de mœurs corrompues s'efforcent d'usurper quelquefois ou plutôt d'imiter le rôle exclusivement réservé à l'homme.

....

On doit rattacher à la première forme de masturbation (page 67) : celle qui d'ordinaire se fait, non par un attouchement manuel, mais par un mouvement volontaire quelconque du corps, soit par son extension complète, on seulement par celle des jambes, ou la compression des cuisses l'une sur l'autre, etc...

2° La seconde espèce ou la masturbation vaginale, moins fréquente que la précédente, indique généralement une plus grande corruption de l'imagination, parce que ce genre de masturbation se fait par l'introduction ou des doigts ou de quelques instruments adaptés, que les suggestions diaboliques ne cessent de fournir à la passion libidineuse (autrement dits : godemichés).

3° La troisième et dernière espèce ou l'utérine, beaucoup plus rare que les autres, mais très grave, très nuisible à la santé, surtout désordonnée et par conséquent la plus coupable et peccamineuse, en raison du degré de malice des circonstances plus ou moins aggravantes. Voici comment elle procède : un chatouillement ou irritation prolongée est produit au col de l'utérus (c'est-à-dire à la partie inférieure de la matrice qui se trouve à l'extrémité supérieure du vagin) à l'aide des doigts ou de certains autres instruments.

....

Terminons ce chapitre par quelques mots sur la conduite du confesseur à l'égard des personnes excessivement timides ou qu'une fausse honte empêche de s'expliquer suffisamment sur cette matière.

Le confesseur doit d'abord montrer un air doux, facile et bienveillant. Il engagera les jeunes personnes à dire avec simplicité tout ce qu'elles savent sur le point en question. Il se composera convenablement afin de ne pas paraître ému ou étonné de rien, et ne pas avoir l'air d'écouter avec trop d'intérêt ou de curiosité. Le confesseur pourrait même dire qu'il a entendu là-dessus plus qu'on ne pourra lui en apprendre... Pour découvrir la mauvaise habitude, il ne faut jamais paraître en douter. N'interrogez donc pas sur le point principal ou le fond de la chose, mais sur l'accessoire ou quelqu'une de ses circonstances. Au lieu de questionner les jeunes filles sur tel péché qu'on craint qu'elles ne cachent, on doit leur faire dire combien de fois elles l'ont commis : hésitent-elles à répondre ? on leur demandera un nombre considérable, invraisemblable, au-dessus du véritable, afin de les enhardir à en avouer de suite un nombre moindre... Mais, un autre point que nous croyons important, et l'expérience l'a déjà prouvé, c'est que le confesseur ait soin de donner à certaines personnes du sexe, mariées ou non, mais grossières et plus ou moins privées d'éducation, une courte explication sur l'origine des connaissances pratiques qu'il possède sur les matières du sixième commandement. Il sera bon, par exemple, de dire qu'il a appris toutes ces choses dans les livres des médecins ou des médecins eux-mêmes, afin d'écarter de leur esprit toute idée de surprise ou de soupçon sur la manière dont lui est venue la connaissance de ces détails qu'elles s'imaginent devoir être tout à fait étrangers aux prêtres.

Section huitième

DE LA MASTURBATION DIURNE ET NOCTURNE DANS LE SEXE FÉMININ

....

Il est permis à celui qui éprouve une grande démangeaison dans les parties honteuses, dit saint Liguori, de la faire cesser par l'attouchement, quand même il s'ensuivrait une pollution. Et, citant une foule d'auteurs à l'appui de sa thèse, il continue : « Peut-être direz-vous qu'il peut arriver que ce prurit provienne de l'ardeur même de la passion libidineuse, d'où il suivrait que l'apaisement du prurit par la friction serait une espèce de délectation vénérienne. On répond qu'il est plus raisonnable de croire qu'un tel prurit, quand il est très désagréable, vient plutôt de l'âcreté du sang que de l'ardeur de la luxure. Au moins dans le doute reste la liberté de se débarrasser de cette incommodité par un attouchement licite en soi, puisqu'on peut licitement faire cesser au moyen de l'attouchement une démangeaison corporelle ; s'il arrive une pollution, elle arrive sans danger de consentement, par accident et involontairement, et par conséquent sans péché. Pour que l'on fût tenu de s'abstenir de cet attouchement, il faudrait avoir la certitude que le prurit est un effet de la luxure. Du reste, le *R. P. Lacroix* avertit sagement ceux qui aiment la chasteté de s'abstenir, autant du moins qu'il est moralement possible, de ces sortes d'attouchement. » (Liv. III, nº 483.)

« Il est permis à celui qui éprouve une démangeaison très incommode, dans les parties honteuses, de la faire cesser par l'attouchement, quand même la pollution s'ensuivrait. » (Mgr Gousset, archevêque de Reims.)

§ II

DE LA SODOMIE

Ce crime horrible est défini par saint Thomas : l'accouplement du mâle avec le mâle, de la femelle avec la femelle.

D'où il faut conclure que le mâle s'accouplant avec la femelle, dans *un vase* ou *récipient non légitime*, ne commet nullement une sodomie, parce que le sexe est légitime ; au contraire, une femelle qui s'accouple avec une femelle *dans le vase naturel* commet une sodomie, parce que le sexe est illégitime. D'où il faut conclure avec saint Thomas que toute la malice de la sodomie vient de l'accouplement du même sexe, et non de l'accouplement illégitime de deux sexes différents, du sexe illégitime et non du vase illégitime d'un sexe légitime. Ce dernier crime, selon ce saint docteur, n'est pas une sodomie, mais seulement un mode illégitime d'accouplement.

Mais comme chez la plupart des théologiens l'usage a prévalu de regarder comme une *sodomie imparfaite* cet accouplement illégitime (dans l'anus) entre deux sexes différents, nous nous conformerons à l'usage.

Donc l'accouplement de l'homme avec la femme dans le vase qui n'est pas légitime est une sodomie imparfaite, distincte de la sodomie parfaite, qui est l'accouplement du mâle avec le mâle, de la femelle avec la femelle. (Ainsi, ce que les débauchés appellent 69 est beaucoup moins coupable entre homme et femme qu'entre deux individus du même sexe.)

Il n'importe pas dans quel vase ou dans quelle partie du corps mâles ou femelles s'accouplent entre eux, puisque la malice de la sodomie consiste dans la recherche d'un sexe illégitime, et qu'elle est complète ou parfaite en son genre, quel que soit le vase ou la partie du corps d'un même sexe auquel s'applique le corps par voie d'accouplement ; mais s'il n'y avait que l'application de la main, du pied, etc., aux organes d'une autre personne, cela ne serait point réputé sodomie, parce que ce ne serait pas un véritable accouplement, ni physique ou matériel, ni moral ou effectif.

Pour la sodomie imparfaite il suffit que le mâle et la femelle s'accouplent autrement qu'avec les instruments naturels ou les organes légitimes, avec interversion des parties (en faisant par derrière ce qu'on doit faire par devant), et dans la recherche d'une fin mauvaise de l'accouplement.

Il faut déclarer en confession de quelle nature a été la sodomie, si elle a été accomplie avec une personne mariée, consacrée à Dieu ou consanguine ; parce que, alors, s'y ajoute la malice de l'adultère, du sacrilège ou de l'inceste.

D'après le même saint Liguori : « Il n'est pas nécessaire en confession d'expliquer si la pollution a eu lieu dans l'intérieur ou à l'extérieur du vase ; il suffit de confesser : *j'ai péché avec un enfant,* pour que le confesseur juge qu'il y a eu sodomie avec pollution. On doit cependant expliquer s'il n'y a pas eu pollution. Il serait plus clair de dire : *j'ai couché avec un enfant,* en ajoutant la circonstance de pollution ou de non-pollution. Si l'effusion du sperme dans le vase était possible, il y aurait alors sodomie parfaite, consommée et complète ; si elle a lieu hors du vase, elle n'est qu'imparfaite et non complète, selon quelques-uns.

Quant à ce qui touche aux enfants, puisque nous en parlons, aujourd'hui ce crime horrible exerce très souvent sa fureur sur eux ; d'où on l'appelle généralement *pédérastie.*

§ III

DE LA BESTIALITÉ

La bestialité, selon saint Thomas, est l'accouplement avec un individu d'une autre espèce, ou avec une bête. Ce péché est ce qu'il y a de plus horrible et il est plus grave que la sodomie, parce que dans la bestialité on n'a égard ni au vase légitime, ni au sexe, ni à l'espèce requise. Aussi Joseph a-t-il accusé ses frères du dernier des crimes, en disant, comme l'interprète la glose, qu'ils s'accouplaient avec leurs brebis. Cet abominable crime est ainsi désigné dans le *Lévitique* : *Celui qui se sera accouplé avec une jument ou une brebis sera puni de mort ; tuez aussi la brebis,* etc… Autrefois ceux qui ne rougissaient pas de commettre ce crime abominable étaient brûlés avec la bête.

D'après beaucoup de théologiens, Bonacina, Billuart, etc., il n'est pas nécessaire de déclarer l'espèce ou la variété de bêtes, parce que cette circonstance ne change pas l'espèce du péché et ne l'aggrave pas beaucoup. La malice de ce péché vient de l'espèce désordonnée et illégitime.

« La raison, dit saint Liguori, en est que toute la malice de ce crime consiste dans le coït avec une autre espèce, d'où il suit que la différence de sexe est tout à fait accidentelle et n'entraîne aucune différence dans le genre du péché. Les attouchements impudiques avec une bête, quoiqu'ils ne soient pas proprement des péchés de bestialité, ont cependant une certaine turpitude spéciale, comme dit le R. P. Elbel, au moins vénielle » (lib. III, n. 474).

Sur ce sujet, selon l'occasion, il faut interroger les paysans et surtout les bergers et gardeurs de troupeaux.

ARTICLE SECOND

DES PÉCHÉS DE LUXURE OU D'IMPURETÉ SUIVANT LA NATURE

Ces péchés sont :

- La simple fornication ;
- Le rapt ;
- L'adultère ;
- L'inceste ;
- Le sacrilège.

Ce qui fera la matière de six paragraphes.

§ I

DE LA FORNICATION SIMPLE

La fornication, au sens large, est un accouplement quelconque en dehors du mariage ; ou, dans un sens plus strict : la fornication simple est l'accouplement d'un homme libre avec une femme libre déjà déflorée, avec le consentement mutuel : 1° *d'un homme libre avec une femme libre*, c'est-à-dire, selon *Billuart*, de personnes libres non seulement du lien du mariage, mais encore de parenté mutuelle ou d'affinité aux degrés prohibés, du vœu de continence, de l'ordre sacré ou de la violence ; 2° *déjà déflorée*, pour distinguer la simple fornication du stupre ; 3° *avec le consentement mutuel*, pour la distinguer du rapt.

....

La fornication d'un tuteur avec sa pupille le rend beaucoup plus coupable puisqu'il remplit les fonctions de père, et qu'à ce titre il est tenu de s'occuper de ses intérêts, non seulement temporels, mais encore spirituels ; il y a donc là une circonstance aggravante, qu'il faut déclarer en confession.

L'accouplement avec une femme mariée n'est pas une fornication simple, puisqu'il n'a pas lieu avec une femme complètement libre, et qu'il implique le péché d'injustice à l'égard du mari dont il viole le droit ; de là une circonstance qui doit toujours être déclarée en confession.

«La fornication d'un chrétien avec une infidèle est, d'après l'opinion universelle, plus grave qu'avec une catholique, tant à cause du mépris de notre religion qui en est la suite, qu'à cause du danger de la mauvaise éducation des enfants et de l'abandon de la vraie foi, qui résultent facilement d'un trop grand amour pour une infidèle. Selon quelques-uns, cette circonstance change l'espèce (*Bailly*). » L'accouplement avec un eunuque implique une malice spéciale, parce que, en l'absence d'un véritable sperme fécondant, la véritable fin est manquée, la nature est frustrée ; il n'y a plus dès lors simple fornication, mais péché contre nature.

Selon *Billuart*, « celui qui par déplaisir et haine du péché interrompt un accouplement fornicateur, même avec effusion de sperme en dehors du vase, fait bien et y est tenu, parce qu'il n'y a pas d'instant où l'on ne soit tenu de faire cesser un péché actuel. La perte du sperme qui s'ensuit a lieu alors par accident et contre la volonté, et il y a une cause légitime de la permettre. Celui qui persévérant dans l'amour du péché interrompt un accouplement commencé, avec effusion hors du vase par crainte d'infamie ou par quelque autre motif humain, commet un double péché, celui de fornication commencée et celui de pollution. » (*Dissertation VI, art. II.*)

······· ··········· ···

La prostitution est l'accouplement avec une femme prête à se livrer au premier venu, publique et généralement vénale.

······· ··········· ···

« L'homme, selon Sylvius et autres, dit Billuart, ne paraît pas tenu de déclarer en confession s'il a forniqué avec une prostituée ou une autre femme, pourvu qu'il déclare le nombre ; parce que, disent-ils, cette circonstance n'est pas notablement aggravante, peut-être parce que l'acte en lui-même est génératif, et que c'est seulement par accident, par suite de la condition de la personne que la génération est empêchée, comme dans le cas où on forniquerait avec une vieille, ou une femme stérile. Quelques-uns cependant prétendent que le fornicateur est tenu de déclarer la circonstance de la prostitution, parce que, disent-ils, dans une telle fornication, on n'empêche pas seulement le bien des enfants à naître, mais on empêche encore qu'il en naisse. Cette dernière opinion est la plus sûre. »

Il ne sera peut-être pas hors de propos de parler ici d'un certain moyen employé par quelques-uns, quand ils approchent des prostituées et peut-être aussi des autres femmes, pour se garantir de la maladie syphilitique. Cette invention ignorée de quelques confesseurs, en protégeant de la contagion morbide, est nécessairement en même temps un obstacle à la conception ou à la génération, quand même l'accouplement semble être extérieurement normal et s'accomplit sans que l'un ou l'autre se retire. — Cet obstacle est souvent employé de la part de la femme, qui n'a en vue que d'empêcher la conception, puisque ce moyen ne la garantit aucunement de la contagion.

······· ··········· ···

On peut demander aux fornicateurs, au moins à ceux qui paraissent ou passent pour tout à fait corrompus, s'ils ne se sont pas servi d'un moyen secret pour empêcher la conception ; et surtout si l'homme n'a pas cherché à éviter la contagion et par quel moyen. Il faut que l'on sache qu'il ne s'agit pas ici de l'onanisme proprement dit, où, comme il arrive si souvent et si misérablement dans l'acte conjugal, l'homme se retire avant l'effusion du sperme.

Quant aux autres empêchements connus des femmes, comme d'uriner après le coït, et autres efforts pour rejeter le sperme, on doit les regarder généralement comme vains et inutiles ; cependant elles sont gravement coupables, puisqu'elles se proposent une fin mauvaise, celle d'empêcher la conception.

....

Il faut demander aux fornicateurs : si avant l'accouplement, ils l'ont désiré avec délectation ; s'ils ont entraîné leur complice au crime ; s'ils lui ont promis mariage ; s'ils n'ont pas promis par serment, et fait la même promesse à plusieurs ; s'ils ont péché par habitude avec scandale ; combien de fois ils ont renouvelé le crime ; si, l'acte consommé, ils se sont livrés à d'autres turpitudes ; s'ils n'ont rien fait pour empêcher la conception.

....

Si le pénitent, dit *Collet*, ne parle que du fait de l'accouplement, il faut l'interroger sur son état et celui de sa complice, s'il est marié, si sa complice est mariée, s'ils sont consanguins ou parents par affinité, etc...

....

§ II

DU STUPRE ET DU VIOL

Le stupre est l'accouplement illicite avec une vierge. Quelques-uns veulent qu'il faut que cet accouplement soit violent, de telle sorte que si la vierge consent, il n'y a plus de stupre ; d'après eux ce n'est pas une espèce particulière de luxure, et il ne se distingue pas de la simple fornication. C'est l'avis de Sanchez, Lessius, Malderus et plusieurs autres ; d'après eux, le stupre est toujours *la défloration violente d'une vierge*.

Sous le nom de vierge on n'entend pas ici une personne qui n'ait jamais péché contre la chasteté, mais celle qui n'a pas encore eu d'accouplement avec une autre. Il ne s'agit donc pas ici de la virginité comme vertu, mais simplement comme état d'intégrité.

....

Le clergé gallican, année 1708, a condamné cette proposition : *Suzanne exposée à l'infamie et à la mort aurait pu se conduire négativement et laisser s'accomplir le viol, pourvu qu'elle n'y eût point consenti par un acte intérieur, et l'eût détesté et exécré*, comme téméraire, scandaleuse, offensant les oreilles pieuses, erronée et contraire à la loi de Dieu. Donc il n'est jamais permis à une femme, même dans la crainte de la mort, de rester passive et de permettre le viol ; parce que dans ce cas la passivité et l'immobilité sont une certaine coopération, et doivent toujours être considérées dans la pratique comme un acte volontaire.

....

Le stupre même volontaire est un péché de luxure spécial. Et puisque le Concile de Trente a défini (sess. 14, can. 7) qu'il est nécessaire de droit divin de déclarer en confession *les circonstances qui changent l'espèce du péché*, il faut résoudre cette question de pratique continuelle, si ceux qui sont coupables de stupre volontaire, soit de fait, soit en désir ou en délectation, sont tenus de déclarer la circonstance de la virginité. Les théologiens l'affirment le plus communément, et regardent cette nécessité comme une conséquence de ce principe une fois admis.

....

Billuart et d'après lui, dit *Bouvier*, *Wiggers*, *Boulart* et *Daelmen* prétendent que la circonstance de la virginité dans un stupre volontaire ajoute une malice spéciale à la simple fornication, mais seulement une malice vénielle, qu'il n'est pas nécessaire de déclarer en confession.

§ III

DU RAPT

Le rapt, selon quelques théologiens, est la violence faite à une personne ou à ses parents, en vue de la satisfaction d'une passion libidineuse, ou, comme l'indique le mot, l'enlèvement violent d'une personne d'un lieu dans un autre, pour satisfaire sa passion ou contracter mariage avec elle.

....

Tout rapt n'a pas la même gravité. Voici, selon Collet, la gradation de gravité dans les rapts de femmes : le péché le plus grave est le rapt d'une religieuse, puis celui d'une femme qui a fait un simple vœu de chasteté. Vient ensuite le rapt d'une consanguine ou parente par affinité ; enfin celui d'une femme mariée, d'une vierge, d'une veuve et d'une prostituée. Sylvius ajoute que le péché sera beaucoup plus grave si un mâle enlève un mâle, une femelle, une femelle en vue d'un abominable libertinage, etc.

....

La fornication avec une femme endormie ou ivre, ou avec une jeune fille n'ayant pas l'usage de sa raison, ou n'ayant aucune connaissance de ce crime, peut se ramener au rapt, quoiqu'il n'y ait pas rapt proprement dit, mais plutôt tromperie.

....

Il faut rechercher maintenant comment doit se conduire une femme soumise à la violence, pour ne pas pécher devant Dieu. Billuart répond en ces termes : 1° elle ne doit pas consentir intérieurement à la délectation, mais la repousser positivement ; 2° extérieurement elle doit résister positivement au séducteur par tous les efforts et mouvements du corps : coups de poing, soufflets, cris, s'il y a quelque espoir de secours ; en un mot, par tout ce qu'elle peut faire moralement et raisonnablement, autrement si elle ne fait pas tout ce qu'elle peut et doit pour l'empêcher, elle est censée consentir.

....

Billuart demande encore si elle doit crier au péril de sa vie ou de sa réputation. Il répond : si elle espère qu'avec le secours de Dieu elle pourra ne pas consentir intérieurement au plaisir vénérien, ce qui, je l'avoue, est très difficile, je pense qu'elle n'y est pas tenue, pourvu toutefois qu'elle résiste extérieurement de tout son possible à celui qui lui fait violence.

§ IV

DE L'ADULTÈRE

L'adultère est l'entrée dans un lit étranger, ou la violence du lit d'autrui. Il peut être commis de trois manières : 1° entre un homme marié et une femme libre ; 2° entre un homme libre et une femme mariée ; 3° entre un homme marié et une femme mariée.

L'adultère est une espèce de luxure distincte des autres et un péché mortel très grave.

....

L'adultère double, c'est-à-dire l'accouplement illicite d'un homme marié avec une femme mariée, est plus grave que l'adultère simple, puisque le premier viole deux droits, tandis que le second n'en viole qu'un ; l'adultère d'une femme mariée avec un homme libre est plus grave que celui d'un homme marié avec une femme libre, pour des raisons à tous évidentes et connues. Il faut donc nécessairement déclarer en confession les diverses circonstances de l'adultère.

L'adultère accompli du consentement du mari reste cependant un véritable adultère, malgré le fameux axiome : *Il n'y a point d'injustice à l'égard de celui qui sait et veut*… Avant le pape Innocent XI, on disait : « Le coït avec une femme mariée, du consentement de son mari, n'est pas un adultère ; et alors il suffit de dire en confession qu'on a forniqué. »

Mais ce pape a déclaré que le consentement du mari ne légitimait pas la chose.

… Le confesseur doit interroger les adultères sur les points suivants : 1º Sont-ils mariés tous les deux ? 2º Ont-ils lapidé les biens du mari innocent ? 3º Ont-ils l'habitude de l'adultère ? 4º La femme adultère a-t-elle conçu ou a-t-elle pu concevoir ? 5º Est-il né des enfants ? 6º Les enfants sont-ils nourris des biens du mari comme s'ils étaient légitimes ? 7º Les enfants de l'adultère ont-ils partagé avec les enfants légitimes l'héritage qui ne leur était pas dû ? 8º Doivent-ils le partager ? 9º Enfin est-il certain ou douteux à qui appartiennent les enfants ? Etc…

§ V

DE L'INCESTE

L'inceste est l'accouplement illicite avec une consanguine ou parente par affinité aux degrés prohibés, tels que sont tous les degrés de consanguinité et d'affinité par suite d'un mariage ou convenu ou consommé jusqu'au quatrième degré inclusivement, ou d'affinité par suite d'une union illégitime jusqu'au second degré inclusivement. (*Concile de Trente.*)

Selon *Billuart*, sous ce mot d'accouplement considéré comme acte principal (*concubitus*), il faut comprendre les baisers, les attouchements, les regards, et autres actes tendant à l'accouplement, et par conséquent appartenant à l'inceste, comme ils appartiennent à l'adultère avec une femme mariée, à la fornication avec une femme libre.

« Quoique tous les incestes soient de la même espèce, écrit *Billuart*, les uns cependant sont plus graves que les autres ; ainsi l'inceste est plus grave avec une consanguine qu'avec une parente par affinité ; plus grave au premier qu'au second degré, soit de consanguinité, soit d'affinité. De même, il est plus grave et très grave en ligne droite, soit de consanguinité, soit d'affinité, qu'en ligne collatérale ; plus grave, par exemple, avec la mère qu'avec la sœur ; aussi, d'après l'opinion la plus commune touchant la déclaration des circonstances notablement aggravantes, il ne suffit pas de dire en confession : j'ai commis un inceste ; mais on doit dire si c'est avec une consanguine ou une parente par affinité au premier ou au second degré de la ligne droite ou collatérale, parce que ces circonstances sont notablement aggravantes. Quant aux degrés plus éloignés de la ligne collatérale, je pense avec les RR. PP. Ledesma, de la Cruz, Sporer et plusieurs autres, qu'il n'est pas besoin d'interroger le pénitent, parce que cette circonstance ne paraît pas notablement aggravante. »

....

Quelques théologiens prétendent que le péché d'un confesseur avec sa pénitente doit être ramené à l'inceste ; d'autres, en plus grand nombre, le nient.

....

Les actes impudiques entre personnes du même sexe, unies par les liens de consanguinité ou d'affinité, emportent la malice de l'inceste, et cette circonstance doit être déclarée en confession.

....

§ VI

DU SACRILÈGE

Le sacrilège charnel, ou en tant que péché de luxure, est la violation d'une chose sacrée par un acte vénérien ou charnel. Le sacrilège charnel n'est pas seulement un péché contre la chasteté, mais encore contre l'honneur de Dieu, à cause de la pollution d'une chose sacrée.

....

… Le sacrilège charnel est commis par la copulation ou l'effusion volontaire quelconque du sperme humain dans le lieu saint. Par le mot de *lieu saint* on entend, d'après les théologiens, tout lieu bénit par l'évêque et destiné aux offices divins, depuis le toit intérieur jusqu'au pavé ; on y comprend aussi les cimetières. Ne sont pas réputés lieu sacré : la sacristie, l'atrium, la tour ou clocher, ni les oratoires privés, à moins qu'ils n'aient été élevés par l'autorité de l'évêque, comme dans les hôpitaux, collèges et séminaires, parce qu'alors on les considère comme de vraies églises. N'est pas non plus réputé lieu sacré un oratoire privé non consacré ou bénit, quand même l'évêque aurait permis d'y célébrer la messe, parce que, malgré cela, il peut, selon la volonté du maître, être rendu à des usages profanes ; ni les bâtiments d'un monastère, les cloîtres, les officines et cellules des moines, etc.

Il est difficile cependant de concevoir que les actes vénériens accomplis dans des oratoires privés où est célébré le saint sacrifice de la messe n'en revêtent pas une malice spéciale. La raison et la foi indiquent assez à tout chrétien qu'une telle circonstance doit toujours être déclarée en confession. C'est l'avis du R. P. Concina et de Mgr Bouvier.

....

Quant à la malice des péchés de luxure commis dans le lieu saint, regards, entretiens obscènes, baisers, attouchements, même sans qu'il y ait danger prochain de pollution, nous pensons qu'à cause du respect dû au lieu saint et par conséquent à Dieu, il faut déclarer en confession la circonstance du lieu saint. C'est le parti le plus sûr.

....

Quant aux objets sacrés, distincts des personnes et des lieux saints, et consacrés au culte divin, comme : vases sacrés, linges, etc…, il est certain que, abuser de ces objets pour la luxure, que prendre l'huile sainte ou la sainte Eucharistie dans un dessein de luxure superstitieuse, c'est un horrible sacrilège.

Quelques théologiens ont dit qu'un prêtre portant sur lui la divine Eucharistie ne commet pas de sacrilège en péchant intérieurement ou extérieurement contre la chasteté, pourvu que ce ne soit pas en mépris du sacrement. Mais d'autres très communément disent qu'il est coupable de sacrilège, parce qu'on doit traiter saintement les choses saintes ; or, le prêtre, dans ce cas, ne traite pas saintement, mais d'une façon infâme le saint des saints.

....

CHAPITRE II
DE LA LUXURE NON CONSOMMÉE

La luxure non consommée est celle qui ne va pas jusqu'à la pollution ou l'évacuation du sperme. Elle comprend tous les actes peccamineux intérieurs et extérieurs sur soi-même ou sur d'autres contre la chasteté, sous le nom d'impudicité qui exclut du royaume de Dieu.

Dans ce chapitre seront exposés les sujets suivants : *De la délectation morose, pensées, désirs, joie, attouchements, baisers, embrassements, regards, peintures et sculptures obscènes ou indécentes, parures des femmes, paroles, chants, lectures, livres obscènes, danses, spectacles, jeux scéniques et autres choses semblables.*

ARTICLE PREMIER

DES PENSÉES, DES DÉSIRS, DE LA JOIE OU DE LA COMPLAISANCE ET DE LA DÉLECTATION MOROSE EN MATIÈRE DE LUXURE

§ I

DES PENSÉES

....

En matière de luxure ou d'impureté, on doit ordinairement regarder comme coupables de fautes graves les personnes qui, sans raison ou nécessité, donnent accès en elles à des pensées ou à des actions déshonnêtes.

....

§ II

DES DÉSIRS, DE LA JOIE OU DE LA COMPLAISANCE

....

Le désir emprunte son espèce à l'acte extérieur auquel il tend. Ainsi, si l'on désire l'accouplement avec une femme libre, ce désir prend la malice de la fornication ; avec une femme mariée, celle de l'adultère ; avec une femme consacrée à Dieu, celle du sacrilège. Si le désir tend à des espèces de luxure imparfaite, il prend leur malice spéciale, comme celle du tact, du regard, etc… Toutes ces circonstances doivent être déclarées en confession.

....

§ III

DE LA DÉLECTATION MOROSE

La délectation morose est la libre complaisance dans une chose mauvaise, offerte comme présente par l'imagination, sans désir de la faire ; par exemple, si quelqu'un s'imagine forniquer, et que, sans avoir l'intention d'accomplir l'acte, il se complaise dans la représentation de cet acte.

....

La délectation morose emprunte nécessairement son espèce à l'objet prochain auquel elle a rapport, et aux conditions de cet objet ; autrement, on ne pécherait pas davantage en se représentant l'acte du coït que celui d'un simple baiser ; ce qui est absurde.

« Donc, ajoute *Collet*, la délectation emprunte son espèce à ses objets ; et de même que le coït diffère spécifiquement du baiser, de même la complaisance dans l'un diffère de la complaisance dans l'autre. Ainsi, les pénitents, de même qu'ils sont tenus de déclarer s'ils sont allés jusqu'au désir, ou s'ils se sont arrêtés dans la pure délectation ; de même ils sont tenus de déclarer si cette délectation a eu pour objet l'attouchement ou le coït, le coït simple, ou accompagné de circonstances qui l'aggravent. Aussi, quand une mauvaise confession doit être recommencée, le directeur doit s'appliquer à ce que ce qui a été imprudemment omis dans la première confession soit soigneusement expliqué dans la seconde. C'est l'opinion la plus commune des théologiens, et dont on ne saurait s'écarter sans danger dans une matière si importante et où il s'agit de la validité du sacrement. » A l'appui de cette opinion, on peut encore citer ces paroles de *saint Thomas* : *La délectation dans une action et cette action même se rapportent au même genre de péché.*

....

Est-il permis aux fiancés et veufs de se délecter à l'idée du coït futur ou passé ? Le *R. P. Busembaum* répond que cela est permis, pourvu que la délectation vienne de l'appétit rationnel et non de l'appétit charnel. Mais il a raison d'ajouter qu'en pratique, dit saint Liguori, il est difficile de l'admettre, parce que la plupart du temps la délectation charnelle est jointe à la rationnelle.

······· ·········· ···

Si les fiancés, dit Billuart, se délectent charnellement du coït futur, qui leur est représenté par l'imagination, ils pèchent mortellement. Ils peuvent seulement se réjouir dans la pensée qu'ils pourront un jour exercer légitimement l'acte conjugal, soit en vue de recouvrer la santé, ou d'avoir une condition temporelle meilleure, ou de jouir du plaisir permis dans les limites du mariage ; de même aussi le veuf et la veuve peuvent se réjouir de l'avoir exercé, abstraction faite de toute commotion volontaire.

······· ·········· ···

ARTICLE DEUXIÈME

DES ATTOUCHEMENTS, DES BAISERS ET DES EMBRASSEMENTS

§ I

DES ATTOUCHEMENTS

Tout attouchement déshonnête, ou exercé avec une intention libidineuse sur soi ou sur autrui, est un péché mortel, tant pour celui qui touche que pour celui qui souffre l'attouchement volontairement et libidineusement, surtout si l'attouchement a lieu dans les parties vénériennes et voisines, même par-dessus les vêtements, même par jeu, légèreté, curiosité, ou sans cause juste et raisonnable, surtout entre personnes adultes, parce que de tels attouchements sont toujours libidineux, ou au moins emportent un grand danger de luxure et de pollution.

L'attouchement du sein des femmes, surtout plus grandes et pubères, doit être considéré comme péché mortel, s'il a lieu directement et avec délectation morose.

······· ·········· ···

D'après *Billuart*, une femme qui, même sans passion libidineuse, se laisse toucher dans les parties honteuses ou voisines, même aux seins, pèche mortellement ; parce que non seulement toucher ainsi, mais être touché, influe beaucoup sur le sens vénérien. Si une femme est touchée dans les parties déshonnêtes, elle doit, par tous les moyens moralement possibles, repousser, détourner, même violemment, la main qui la touche.

....

Toucher ses propres parties, dit *Busembaum* avec beaucoup d'autres, par légèreté ou curiosité, n'est pas en soi péché mortel, pourvu qu'il n'y ait pas délectation ou danger de délectation, et que l'attouchement ait lieu en passant et qu'il ne soit pas réitéré, car alors il y aurait danger. On ne peut donc excuser du péché mortel ceux qui toucheraient leurs propres parties sous l'influence d'une commotion vénérienne et sans cause légitime.

....

Il faut remarquer cependant que les attouchements faits pour apaiser tout d'un coup les accès d'hystérie ou de passion hystérique, maladie dont sont affectées les femmes et surtout les jeunes filles, sont illicites et très peccamineux.

....

L'attouchement des parties honnêtes, même entre personnes du même sexe, s'ils sont faits par affection libidineuse et avec consentement à cette affection, sont des péchés mortels, parce qu'ils tendent par leur nature à l'impudicité, qui exclut du royaume des cieux, selon *S. Paul*, GALAT. ET EPHES.

Cependant les attouchements qui se font par légèreté, jeu, curiosité et autre cause semblable, sur les parties honnêtes d'une autre personne, même d'un sexe différent, sans grave danger de libertinage, ne dépassent pas le péché véniel. C'est l'avis de *Sanchez*.

....

D'après *Billuart*, les attouchements des parties génitales des bêtes de grande espèce sont des péchés mortels, même par jeu, légèreté ou curiosité, et même sans affection libidineuse, parce que de tels attouchements émeuvent notablement l'appétit vénérien.

Quant aux animaux plus petits, ajoute *Billuart*, comme les chiens, les chats, etc., toucher leurs parties génitales par légèreté, jeu, curiosité, ne semble pas exciter gravement la nature et, par conséquent, n'est pas mortel.

Quoi qu'il en soit, de toutes ces espèces d'attouchements, il faut s'abstenir avec soin ; c'est le plus sûr.

....

§ II

DES BAISERS ET DES EMBRASSEMENTS

Les baisers et les embrassements dans les parties honnêtes et honnêtement donnés, quand ils sont donnés et reçus selon les habitudes du pays, pour cause de devoirs d'urbanité, d'amitié, de bienveillance ou de réconciliation, avant le départ, au retour, quand même il en surviendrait quelque délectation vénérienne, pourvu qu'elle soit aussitôt réprimée, ne sont pas des péchés.

....

On ne peut excuser du péché mortel le baiser de bouche à bouche, s'il se prolonge avec délectation, et surtout s'il est accompagné de l'introduction de la langue, comme dit *Billuart* ; s'il se prolonge avec une vive délectation, ou qu'il se répète plusieurs fois en mordillant et suçant les lèvres, ou s'il est *colombinum*, en mettant sa langue dans la bouche de l'autre, fait de cette sorte, même par jeu ou par légèreté, ou même pour prouver l'amitié, ce baiser semble influer gravement sur la commotion charnelle, et, par conséquent, ne peut être excusé de péché mortel. C'est aussi l'avis de *saint Liguori*. De même, si les baisers sont faits à des parties insolites, comme la poitrine, etc., on doit les regarder comme libidineux, ou au moins comme entraînant un grand danger de libertinage et, par conséquent, comme péchés mortels.

....

Quant aux longs embrassements avec compression des corps, ils sont le plus souvent très libidineux, et souvent accompagnés de violents mouvements désordonnés, de la pensée et du désir du coït, et peut-être de la pollution.

Il faut donc interroger le pénitent qui déclare simplement en confession des embrassements. Un auteur de Saint-Flour assez récent dit très bien : « Remarquez que souvent les jeunes gens ne savent pas (dans les baisers et les embrassements) quel esprit les pousse ; que tout cela est plein de dangers, et qu'il est difficile de les excuser de péché mortel quand ils ont lieu entre personnes déjà capables de libertinage. Aussi, pour ces raisons, et quand même on n'ait point encore éprouvé les jouissances vénériennes, il sera sage de différer l'absolution pour ceux qui en ont l'habitude, surtout lorsque l'on ignore la fragilité de l'autre. »

Toutes les fois, selon *Collet*, que les baisers sont accompagnés de délectation vénérienne, il faut déclarer la circonstance de la personne, même innocente, à qui a été donné le baiser ; si elle est liée par un vœu, ou consanguine, ou alliée ou mariée, parce que, dit-il, l'acte honteux implique la malice du coït auquel il tend de sa nature. Il est certain cependant que très souvent on ne songe pas au coït.

ARTICLE TROISIÈME

DES REGARDS

... Les regards libidineux avec délectation vénérienne, sur notre sexe ou l'autre, sont toujours mortels : tout homme qui verra une femme pour la désirer a déjà commis l'adultère dans son cœur. (*Matth.* 5, 28.) Sont toujours libidineux et, par conséquent, mortels, les regards moroses des parties déshonnêtes entre personnes de différent sexe, à moins qu'il n'y ait nécessité.

....

Les regards des parties déshonnêtes du même sexe ou de son propre corps, s'ils ne sont pas prolongés et accompagnés de délectation morose, mais s'ils ont lieu seulement par simple curiosité et légèreté, ne doivent pas être considérés comme mortels, parce qu'ils n'excitent pas beaucoup, par eux-mêmes, à la luxure.

....

Les confesseurs doivent surtout engager les jeunes gens à ne pas se baigner ensemble, sans couvrir leurs parties secrètes de caleçons de bain, à cause des nombreuses impuretés qui ont coutume de se commettre en pleine nudité, et à cause des regards des personnes présentes ou des passants et surtout des personnes d'un autre sexe.

....

Regarder par simple curiosité ou légèreté les parties génitales et le coït des bêtes n'est pas péché mortel, parce que généralement ces regards n'entraînent pas un grave danger.

....

Regarder des peintures obscènes, dit *saint Liguori*, seulement par curiosité, n'est pas péché mortel, s'il n'y a ni délectation honteuse, ni danger de l'éprouver. Mais, en pratique, on peut difficilement excuser du péché mortel celui qui regarde complaisamment les parties vénériennes d'une femme en peinture, parce qu'il lui sera difficile d'échapper à la délectation honteuse, ou au moins à un danger probable de l'éprouver... à moins de regarder très peu de temps et à une grande distance.

....

ARTICLE QUATRIÈME

DE L'AJUSTEMENT ET DES PARURES DES FEMMES

....

... La parure du corps peut avoir quatre fins : 1° protéger le corps contre les injures de l'air ; 2° couvrir les parties honteuses de la nature ; 3° observer la décence de l'état selon les habitudes du pays ; 4° entretenir ou augmenter la beauté. La première est de nécessité corporelle. La seconde, de nécessité spirituelle. La troisième, de convenance et conforme à la raison, parce que la saine raison veut que tout homme se présente honorablement dans la vie publique et honore son état, en observant les convenances dictées par les mœurs de son pays. Reste une difficulté à l'égard de la quatrième, c'est-à-dire à l'égard de la parure des femmes, dont il faut parler spécialement, tant à cause de la grande propension des femmes à ce genre de péché ou au grave désordre qui en résulte, qu'à cause de leur grande et naturelle vanité et futilité dans l'usage des ornements vains et superflus.

······· ··········· ···

Avoir la tête découverte et les cheveux nattés, selon la coutume reçue, n'est point un péché ou n'est qu'un péché véniel, pour les mêmes raisons ; il en serait autrement de ceux qui introduiraient une mode, ou agiraient ainsi avec une mauvaise intention.

······· ··········· ···

Quant aux femmes qui prennent des habits d'homme, ou réciproquement des hommes qui s'habillent en femme, ils pèchent mortellement s'ils agissent ainsi avec l'intention ou le grave danger de libertinage, ou avec un notable scandale.

······· ··········· ···

Les femmes qui découvrent immodestement leur poitrine de manière à montrer le milieu de leurs seins nu, ne peuvent être excusées en aucune façon, dit Billuart, parce qu'une pareille nudité n'est pas peu provocatrice, et tient plus à la luxure qu'à la beauté. Il faut dire à peu près la même chose, ajoute le même auteur, de celles qui recouvrent leurs seins d'un tissu transparent qui permet de les voir à travers.

······· ··········· ···

Que faut-il penser des femmes qui usent de quelque moyen artificiel ou corset, pour accentuer davantage les protubérances de leur corps, les augmenter ou les simuler de quelque façon ? Quelques confesseurs exigent que de tels corsages soient recouverts d'un ample *mancillari*, comme dit *Martial* (mouchoir de cou, fichu, châle). Ce remède nous semble plutôt favoriser le mal que le détruire. Et, en outre de cette façon, les femmes n'atteignent nullement leur but. Il semble préférable de faire usage de ce mancillaire, en rejetant tous les intermédiaires artificiels, comme ne convenant en aucune façon à des femmes chrétiennes. De cette façon ce qui fait défaut ne serait pas remarqué, la chasteté ne sera pas blessée et le salut des âmes ne courra aucun danger.

ARTICLE CINQUIÈME

DES PAROLES ET DES DISCOURS DÉSHONNÊTES DES CHANSONS ET DES LIVRES OBSCÈNES

§ I

DES PAROLES, DES DISCOURS ET DES CHANSONS DÉSHONNÊTES OU OBSCÈNES

Tenir des propos déshonnêtes par légèreté ou par jeu n'est pas mortel en soi, dit *saint Liguori*, à moins que ceux qui les entendent ne soient assez faibles d'esprit pour s'en scandaliser, ou que les propos ne soient par trop lascifs.

Aussi des auteurs cités par saint Liguori remarquent que les dictons honteux proférés par les moissonneurs, vendangeurs, ne sont pas mortels, parce qu'ils sont dits et entendus d'une manière lubrique, mais sans qu'ils émeuvent.

§ II

DES LIVRES OBSCÈNES

....

Je ne voudrais pas affirmer que ceux-là pèchent mortellement, qui par simple curiosité lisent des livres obscènes, si à cause de leur âge avancé, de leur complexion froide ou de l'habitude qu'ils ont de s'occuper de matières vénériennes, ils n'encourent pas un grave danger.

....

Ceux qui composent ces livres, même non gravement obscènes, souvent pèchent mortellement, parce qu'ils sont pour beaucoup, sans raison suffisante, une occasion de ruine ; le péché de ceux qui les vendent paraît moins grand ; puisque, comme nous l'avons dit, beaucoup peuvent les lire sans péché ou au moins sans péché mortel, par conséquent ils ne pèchent pas du tout ou ils ne pèchent que véniellement en les achetant ; donc le libraire qui les garde dans sa boutique et les vend à ceux qui les lui demandent ne doit pas être inquiété.

ARTICLE SIXIÈME

DES DANSES ET DES BALS

....

La danse est licite de sa nature, pourvu qu'elle ait lieu entre séculiers, entre personnes honnêtes et d'une façon honnête, c'est-à-dire sans gestes déshonnêtes. Quand les saints Pères les blâment vivement, ils parlent des danses honteuses ou de leur abus.

Quelquefois, dit *Origène*, le diable lutte avec l'homme par la vue des femmes, quelquefois par l'attouchement ; dans les danses, il lutte avec l'homme par tous ces moyens à la fois. Car c'est là qu'elles paraissent avec tous leurs ornements, qu'elles se font entendre avec leurs chants, leurs éclats de rire, leurs propos, qu'on les touche de la main, et que le diable combat fortement et remporte la victoire.

Dans ces bals, c'est le diable qui danse, dit *saint Chrysostome.*

······· ··········· ···

ARTICLE SEPTIÈME
DES SPECTACLES ET DES REPRÉSENTATIONS SCÉNIQUES

······· ··········· ···

Au théâtre, c'est le rire, la turpitude, la pompe diabolique, la perte de temps, l'excitation de la concupiscence, la méditation de l'adultère, le gymnase de la prostitution (*S. Chrysostome, H. 42*, in *Act.*).

— Dans les spectacles, dit *Salvien*, il y a comme une apostasie de la foi et une prévarication mortelle contre ses symboles et les sacrements célestes. Quel est, en effet, le premier engagement du baptême salutaire des chrétiens, sinon de renoncer au démon, à ses pompes, à ses spectacles et à ses œuvres ?

······· ··········· ···

Je ne pourrais, en aucune façon, excuser de péché mortel un jeune homme qui, sans nécessité, voudrait par simple curiosité assister à des comédies de ce genre (notablement obscènes) à moins qu'il ne fût très timoré, et qu'il n'ait plusieurs fois fait l'expérience de n'avoir jamais péché mortellement en y assistant.

······· ··········· ···

« Assister à des spectacles notablement obscènes pour le plaisir qui en résulte est évidemment un péché mortel ; mais si c'est seulement pour la curiosité et la simple récréation, sans danger de consentement à la délectation vénérienne, quelques-uns pensent qu'il n'y a que péché véniel ; mais cette décision est un peu relâchée et on doit le considérer comme péché mortel, tant à cause du péril et du scandale qu'à cause de la coopération à une action mortellement mauvaise. »

······· ··········· ···

« Je n'absoudrais pas : 1° les acteurs et actrices à l'article de la mort, à moins qu'ils ne renoncent à leur profession ; 2° les poètes qui composent des pièces pleines d'amours illicites, pour être représentées au théâtre ; 3° ceux qui concourent prochainement aux représentations théâtrales, comme les servantes qui habillent les actrices, ou ceux qui font profession de vendre, de louer ou de fabriquer des habits uniquement destinés à cet usage ; 4° ceux qui, en assistant aux représentations théâtrales, donnent un grave scandale, comme seraient des personnes bien connues pour leurs vertus chrétiennes, à moins qu'il n'y ait grave nécessité ; 5° ceux qui à cause d'une circonstance personnelle encourent un grave danger de luxure ; 6° ceux enfin qui sans cause raisonnable assistent ordinairement à ces spectacles, quand même ils ne courraient pas un grave danger, ou ne donneraient pas le scandale, parce qu'une telle habitude ne peut se concilier avec une vie chrétienne. »

....

ARTICLE HUITIÈME

QUELQUES MOTS SUR LA MANIÈRE D'INTERROGER LES PÉNITENTS SUR LE SIXIÈME COMMANDEMENT

… Comme le confesseur est un médecin et un juge, il faut qu'il connaisse les péchés de son pénitent pour appliquer les remèdes convenables à ses maux… Par conséquent, si les pénitents ne découvrent pas leurs péchés, le confesseur doit les interroger, surtout quand ils lui paraissent ignorants ou grossiers, ou quand il les voit timides, honteux, embarrassés, et tout cela arrive fort souvent en cette difficile et honteuse matière. Il faut donc alors venir à leur secours et les aider… Il est arrivé que des personnes ont croupi pendant toute leur vie dans des péchés d'impureté parce que les confesseurs avaient négligé de leur faire des questions sur le sixième commandement…

Le confesseur, quand il interroge un pénitent, lui demandera s'il n'a point eu de pensées déshonnêtes, des mouvements ou des plaisirs charnels… Si le pénitent dit avoir eu des pensées déshonnêtes ou avoir ressenti des plaisirs charnels, le confesseur lui demandera si ces pensées ou ces plaisirs ne l'ont point porté à faire quelque action déshonnête ; s'il avoue en avoir fait quelqu'une, le confesseur, sans en spécifier aucune, lui demandera quelle était cette action et de quelle manière et avec qui il l'a faite.

Le confesseur doit s'enquérir de la condition du pénitent et de celle de la personne avec laquelle il a péché, si l'un ou l'autre est engagé dans le mariage ou lié par des vœux de chasteté, ou par quelque ordre sacré… Le confesseur ne doit pas oublier de demander au pénitent si la personne avec laquelle il a péché demeure avec lui…

… On peut, par exemple, parler ainsi au pénitent : N'auriez-vous pas eu, par hasard, quelques pensées déshonnêtes ou contre la chasteté ? Oui… Ces pensées vous ont-elles occupé longtemps ? Vous y êtes-vous arrêté volontairement et avec complaisance ? Sur quel objet se portaient-elles ? N'avez-vous pas eu, alors, quelques mauvais désirs, de faire, par exemple, ce à quoi vous pensiez, soit à votre égard, soit à l'égard d'une autre personne ? Était-ce une personne de l'autre sexe, mariée ou non, parente, alliée ou non, etc. ? Avez-vous vu cette personne, lui avez-vous parlé ? Vos pensées ont-elles été suivies de regards, d'attouchements déshonnêtes ? Tout cela a-t-il été suivi de quelque effet sensible ? Quel était cet effet ? Était-il fâcheux ? En avez-vous eu de la peine ?

Pour savoir si des jeunes gens, plus ou moins pubères, se sont touchés jusqu'à la pollution, sans les exposer, dans leur heureuse ignorance, à soupçonner ou à apprendre quelque chose, on peut leur demander combien de temps et dans quelle fin ils se sont touchés ; s'ils ont éprouvé quelques mouvements dans leur corps, et pendant combien de temps ; si après l'attouchement il ne leur est pas arrivé quelque chose d'insolite et de honteux ; s'ils n'ont pas éprouvé un plaisir beaucoup plus grand dans leur corps à la fin des attouchements qu'au commencement ; si alors, quand, à la fin, ils ont ressenti une grande délectation charnelle, tous les mouvements du corps ont cessé avec les attouchements ; s'ils ne se sont pas sentis mouillés, etc., etc. Il faut demander aux jeunes filles qui avouent s'être touchées, si elles n'ont pas essayé d'apaiser quelque prurit, et si ce prurit a cessé au moment où elles ressentaient un vif plaisir ; si alors les attouchements avaient cessé, etc...

SECONDE PARTIE
DU DEVOIR DES ÉPOUX

Cette seconde partie sera partagée en deux chapitres. Le premier sera consacré à l'examen de l'empêchement du mariage pour cause d'impuissance. Le second traitera des obligations spéciales des époux.

CHAPITRE PREMIER

§ I

DE L'EMPÊCHEMENT DU MARIAGE PAR IMPUISSANCE

L'impuissance est l'incapacité de consommer le mariage, c'est-à-dire d'avoir un coït qui, par lui-même, suffise à la génération.

....

IMPUISSANCES PERPÉTUELLE ET TEMPORAIRE, NATURELLE ET ACCIDENTELLE CHEZ L'HOMME

Trois causes produisent cette impuissance :

1o *L'absence complète et absolue du pénis*, de telle sorte qu'il n'y ait pas même la plus petite extrémité du membre viril, qui puisse répandre la semence même dans les parties génitales extérieures de la femme...

2o *L'atrophie de la vessie* ;

3o *L'absence des deux testicules*.

IMPUISSANCES PERPÉTUELLE ET TEMPORAIRE, NATURELLE ET ACCIDENTELLE CHEZ LA FEMME

Les causes d'impuissance chez la femme sont :

L'absence de l'utérus, du vagin, l'oblitération naturelle, congénitale et complète de ce dernier ou son excessive étroitesse résultant d'un vice de conformation des os du bassin.

Le P. Debreyne, docteur en médecine et professeur à la Faculté de Paris, avant d'entrer dans les ordres, se complaît ici dans de savantes dissertations sur toutes les causes d'impuissance : dissertations dont nous n'avons pas à nous occuper, car elles relèvent toutes exclusivement de la science médicale.

Le paragraphe II de ce chapitre est consacré aux *hermaphrodites* : ce paragraphe, lui aussi, n'est qu'une dissertation médicale.

CHAPITRE II
DES DEVOIRS CONJUGAUX OU DES OBLIGATIONS DES ÉPOUX

Ce chapitre sera partagé en trois articles :

Le premier aura pour objet la *pétition* et la *reddition* du devoir conjugal ;

Le second sera consacré à l'examen de l'usage du mariage, des circonstances de l'acte conjugal et des péchés qu'y commettent les époux ;

Le troisième article, enfin, traitera de la conduite du confesseur à l'égard des personnes mariées et de celles qui se disposent à entrer dans le mariage.

ARTICLE PREMIER

DE LA PÉTITION ET DE LA REDDITION DU DEVOIR CONJUGAL

Réflexions préliminaires.

....

L'homme doit rendre son devoir à la femme, et réciproquement l'épouse à l'époux ; la femme n'a pas la possession de son corps, mais l'homme ; de même l'homme n'a pas la possession de son corps, mais la femme. (*Saint Paul.*)

Qu'ils ne se le refusent pas l'un à l'autre, de peur de tomber dans de damnables corruptions, par la tentation de Satan, à cause de l'incontinence de tous les deux ou de l'un seulement d'entre eux. (*Saint Augustin.*)

....

§ I

DE LA PÉTITION DU DEVOIR ILLICITE OU DE CEUX QUI PÈCHENT MORTELLEMENT EN L'EXIGEANT

Un époux qui sait avec certitude que son mariage est nul par un empêchement dirimant quelconque, comme par exemple un empêchement d'affinité provenant d'un commerce criminel, ne peut, par aucun motif, ni demander, ni même rendre le devoir conjugal, parce qu'il commettrait une véritable fornication mortelle.

....

L'époux qui doute prudemment et raisonnablement de la validité de son mariage ne peut demander le devoir jusqu'à ce que, après un mûr examen, il ait déposé son doute et formé sa conscience.

....

Celui, dit *Billuart*, qui, après le mariage consommé, a fait vœu de religion ou d'embrasser les saints ordres peut demander et rendre le devoir, parce que par ce vœu il n'a contracté que l'obligation de prendre les ordres ou d'entrer en religion, s'il survit. Mais aussitôt après la mort de son conjoint, il est tenu d'accomplir son vœu. Mais s'il a fait ces vœux avant la consommation du mariage, il est tenu de le remplir avant la consommation, puisqu'il le peut licitement d'après l'hypothèse. S'il consomme le mariage, il pèche mortellement une première fois, mais ensuite il peut demander et rendre le devoir pour les raisons alléguées.

....

§ II

DE CEUX QUI PÈCHENT VÉNIELLEMENT EN EXIGEANT LE DEVOIR CONJUGAL.

1° Plusieurs théologiens, d'après l'autorité de saint Thomas, regardent comme une faute mortelle l'usage du coït pendant que la femme a ses règles.

....

Nous ne pouvons croire, cependant, malgré la grande autorité de saint Thomas, que l'acte conjugal exercé pendant l'époque des règles soit un péché mortel. Il faudrait pour cela qu'il fût prouvé expérimentalement et physiologiquement que cet acte est essentiellement infécond ou contraire à la conception.

....

2° La grande majorité des théologiens affirme que la pétition conjugale, dans l'état de grossesse, n'est qu'une faute vénielle, pourvu qu'il n'y ait point danger d'avortement. Mais ce danger est souvent très difficile à connaître ou à apprécier. Voici du reste, sur ce point, l'énoncé général de la science (*suit une longue dissertation technique et médicale*).

....

3° *On demande* si la pétition conjugale est permise les jours de fête, le dimanche et un jour de communion.

Saint Thomas répond :

L'acte matrimonial, quoique exempt du péché, cependant comme il abaisse la raison à cause de la délectation charnelle, rend l'homme inapte aux choses spirituelles ; il n'est donc pas permis de demander le devoir les jours où l'on doit plus particulièrement vaquer aux choses spirituelles... Ces jours-là on peut employer d'autres moyens pour réprimer la concupiscence, comme la prière, et beaucoup d'autres moyens de ce genre, employés par ceux qui gardent la continence perpétuelle.

Mais Sanchez est d'un sentiment contraire, et avec lui de nombreux théologiens, parce que, disent-ils, la pétition conjugale n'est défendue aux jours précités par aucun droit divin ou ecclésiastique.

....

On demande si celui qui a éprouvé une contamination nocturne peut communier le jour suivant.

Voici ce que répond saint Grégoire et sa décision sert de base à la pratique des confesseurs.

« Ou l'éjaculation provient d'un superflu de la nature et de faiblesse, et alors n'est pas du tout coupable ; ou d'un usage excessif des aliments, et alors elle est un péché véniel ; ou d'une pensée précédente, et alors elle peut être mortelle. Dans le premier cas, cette illusion n'est pas à craindre ; dans le second, elle n'empêche pas de recevoir le sacrement ou de célébrer les mystères, s'il y a quelque motif de le faire, comme par exemple, la circonstance d'une fête ou d'un dimanche ; mais dans le troisième cas, on doit, à cause d'une telle pollution, s'abstenir ce jour-là des saints mystères, dit saint Grégoire ; cependant, si la pollution n'a pas été mortelle dans sa cause, ou si le prêtre vraiment repentant en a été absous, et qu'il ait quelque raison de le faire, il pourra célébrer. »

§ III

DE LA REDDITION DU DEVOIR CONJUGAL ET DES RAISONS QUI EN DISPENSENT LÉGITIMEMENT

Le devoir doit être rendu sous peine de péché mortel toutes les fois qu'il est raisonnablement, sérieusement et légitimement demandé, soit expressément, soit tacitement, parce qu'il n'importe pas, dit saint Thomas, si on le demande par paroles ou par signes. Si donc une partie s'aperçoit que sa partie le demande tacitement, ou est en danger d'incontinence, elle est tenue de la prévenir.

Voici les raisons qui excusent ou empêchent de le rendre.

1º L'époux qui est moralement certain de la nullité de son mariage ne peut rendre le devoir à sa partie.

....

2º Si l'époux qui demande le devoir est dans un état de démence ou d'aliénation mentale, il n'y a point d'obligation à le rendre, parce qu'une telle demande n'est point un acte humain. Si la folie présentait des intervalles de lucidité, le devoir devrait alors être rendu, à moins que l'usage du mariage n'augmentât la maladie.

Quant à l'époux qui a perdu l'usage de la raison par l'ivresse, il n'y a nulle obligation à lui obéir.

....

Sanchez dit que le devoir ne doit pas être rendu à une femme folle et furieuse, à cause de l'avortement qu'on a toujours à craindre, à moins, ajoute-t-il, qu'elle ne soit reconnue stérile.

....

3º L'époux qui ne peut rendre le devoir sans exposer gravement sa santé n'y est pas tenu, car, dit l'axiome : il faut d'abord vivre et se bien porter, et *saint Thomas* ajoute : l'homme est tenu de rendre le devoir à sa femme pour tout ce qui tend à la génération ; sauf cependant avant tout la santé de la personne.

....

La femme ne pourrait se refuser à rendre le devoir à cause des grandes douleurs ou des difficultés de l'accouchement. Si néanmoins, d'après le jugement ou la décision des hommes de l'art, ou d'après l'expérience de la femme, l'accouchement ne pouvait pas se faire sans danger pour la vie, elle est dans ce cas dispensée de rendre le devoir conjugal.

4º La femme n'est pas tenue à la reddition conjugale pendant l'époque des règles...

....

— Il pourra quelquefois, dit *Sanchez*, y avoir péché mortel, si le coït devait produire une grave maladie ou une notable aggravation de maladie, comme disent saint Antonin et Sanchez..., etc. On doit craindre ce même danger, comme dit Ronc…, si le coït a lieu aussitôt après l'accouchement, c'est-à-dire le jour même ou le suivant, ainsi qu'un médecin fort expérimenté me l'a assuré.

……… ………… …

La femme n'est pas tenue de rendre le devoir en temps d'écoulement menstruel ou d'accouchement, à moins qu'elle n'ait raison de craindre que son mari n'encoure le danger d'incontinence ; cependant si par ses prières elle ne peut l'en dissuader, finalement elle doit le rendre, parce qu'il y a toujours à craindre le danger d'incontinence, ou une querelle, ou quelque autre inconvénient. C'est l'avis de *saint Bonaventure* et de beaucoup d'autres *d'après Sanchez.*

……… ………… …

Qu'on doit excuser de l'obligation de rendre le devoir, dit *Sanchez,* une mère allaitant son enfant, et assez pauvre pour ne pas pouvoir payer une nourrice, et qui sait que ses mamelles seront à sec si elle conçoit de nouveau, ou que son lait sera très pernicieux à son enfant.

5º L'époux n'est pas tenu de rendre le devoir à sa partie qui, par le fait d'un adultère, aurait perdu le droit de le demander.

……… ………… …

6º Une des parties n'est pas tenue de rendre le devoir lorsqu'il est demandé d'une manière contraire à l'honnête exigence de la raison.

……… ………… …

7º Il n'est pas permis de refuser le devoir, dans la crainte d'avoir trop d'enfants…

……… ………… …

Tel n'est pas cependant l'avis de *Sanchez.*

… — J'avouerai cependant, écrit-il, qu'il n'y a pas péché mortel à refuser le devoir pour ce motif, quand il n'y a pas danger d'incontinence dans l'autre époux, et que les parents ne peuvent nourrir tant d'enfants. En effet, un grand inconvénient excuse de l'obligation de payer les autres dettes de justice, et personne n'est tenu de restituer à son grand détriment. En outre, l'époux n'est pas tenu de rendre le devoir, s'il y a crainte probable de danger ou de détriment pour les enfants déjà nés ; danger qui serait cependant vraisemblable, si des parents destitués des moyens de nourrir plus d'enfants augmentaient leur famille… Bien plus il n'y aura pas même faute vénielle à refuser le devoir dans ce cas. (*Liv. IX, disp. 25, nº 3.*)

Nous croyons que cet avis de Sanchez n'est pas sûr dans la pratique.

§ IV

DES ÉPOUX QUI PÈCHENT MORTELLEMENT EN RENDANT LE DEVOIR CONJUGAL

1º On pèche mortellement à rendre le devoir conjugal lorsque la pétition se fait dans un lieu sacré ou public, ou devant les enfants et domestiques (ce qui n'arrive guère), ou avec danger d'avortement, ou grave danger pour la santé de l'un ou de l'autre, ou avec le danger évident de répandre le sperme hors du vase, quand le coït pourrait se faire autrement ; ou en s'accouplant d'une façon hors nature, sodomique, etc. Il est certain que dans tous ces cas, celui qui rend le devoir pèche aussi mortellement, parce qu'il participe au crime et en contracte la malice.

2º Ce serait également une faute mortelle que de rendre le devoir à la partie atteinte d'une impuissance perpétuelle.

....

3º ... Si l'homme était tellement décrépit, etc. (*suit une citation de Bouvier, que nos lecteurs trouveront à sa place dans nos extraits des* DIACONALES.)

4º On demande si l'on peut, sans péché mortel, rendre le devoir à celui qui le demande, bien qu'il ait fait vœu de chasteté ou qu'il se propose un but criminel.

Les uns prétendent qu'il y a péché mortel... les autres, au contraire, prétendent, — et c'est le plus grand nombre, — que la partie peut rendre le devoir.

§ V

DES ÉPOUX QUI PÈCHENT VÉNIELLEMENT EN RENDANT LE DEVOIR

Quand l'usage du mariage est péché véniel pour l'époux qui demande le devoir par exemple, comme parce qu'il le demande pour le seul plaisir, il semble qu'il y a quelque faute à le rendre, s'il n'y a aucune raison de le faire, parce qu'alors on fournit la matière d'un péché véniel ; mais une pétition absolue est une raison suffisante et légitimant la reddition ; car il est à craindre que le refus ne fasse naître des rixes, haines, scandales, péril de pécher gravement, etc...

ARTICLE DEUXIÈME

DE L'USAGE DU MARIAGE, DES CIRCONSTANCES DE L'ACTE CONJUGAL ET DES PÉCHÉS QU'Y COMMETTENT LES ÉPOUX

§ I

DE L'USAGE DU MARIAGE ET DES PÉCHÉS VÉNIELS QU'Y COMMETTENT LES ÉPOUX QUANT AUX MOTIFS

1° L'acte conjugal exercé pour le seul plaisir est exempt de toute faute même vénielle.

2° L'usage du mariage est-il permis pour éviter l'incontinence ?

Tous les théologiens conviennent qu'il est permis de rendre le devoir à l'époux qui le demande, sans autre raison que celle d'éviter l'incontinence.

« A cause de la fornication, que chacun ait son épouse, et chaque femme son mari... Ne vous trompez pas l'un l'autre, si ce n'est par un consentement mutuel pour un temps, pour vaquer à l'oraison, et retournez-y de nouveau, de peur que Satan ne vous tente à cause de votre incontinence ; je dis cela par indulgence, et non par commandement, car je voudrais que vous fussiez tous comme moi. » (I Corinth. 4.)

....

L'époux qui désire que l'acte conjugal soit stérile pèche selon l'opinion de tous les théologiens, mais seulement d'une manière vénielle.

Cependant *Sœttler* s'exprime ainsi :

Si quelqu'un désire n'avoir pas d'enfants, d'après un grand nombre de théologiens il pèche mortellement, parce que ce désir répugne gravement à la fin du mariage... Selon d'autres beaucoup plus nombreux, ce désir, si on s'arrête là, s'il est purement spéculatif, et si l'on ne fait rien pour empêcher la génération, est seulement véniel, mais dangereux, dit Vernier, comme tendant au péché mortel.

Tout peut donc se résumer en ces quatre paroles de *Collet* : « La copulation exercée pour toute autre fin que celle de la génération ou de la justice est toujours un péché. » Cette proposition est d'ailleurs fondée sur ce passage de *saint Augustin* :

« Le coït nécessaire pour la génération n'est pas coupable... Mais celui qui va au delà de cette nécessité n'obéit plus à la raison, mais au libertinage. Et cependant ne pas l'exiger, mais le rendre à son époux, de peur qu'il ne pèche gravement en forniquant, est une nécessité pour la personne conjugale. » (*Manuel des bons époux.*)

§ II

DES CIRCONSTANCES OU L'USAGE DU MARIAGE EST GÉNÉRALEMENT PÉCHÉ MORTEL QUANT A L'ACTE, CONFORMÉMENT A L'OPINION DE TOUS LES THÉOLOGIENS

1° D'après tous les théologiens, il y a péché mortel si quant à la position le coït n'est pas naturel, et s'il y a grave danger d'effusion en dehors du vase, soit en demandant, soit en rendant le devoir : « Mais, en dehors de ce danger, demander ainsi ou rendre le devoir sans nécessité est un péché seulement véniel, parce qu'une telle inversion n'est pas essentielle et n'est pas opposée à la génération. Cependant elle doit être sévèrement blâmée. S'il y a nécessité d'agir ainsi, comme par exemple à cause de la grossesse, ou parce que le corps ne peut souffrir une autre position, il n'y aura aucun péché, pourvu qu'il n'y ait pas danger probable d'effusion en dehors du vase. »

2° Les époux pèchent mortellement, quand, comme nous le verrons mieux plus bas, ils excitent volontairement une semblable effusion, ou même commencent d'une façon sodomitique le coït avec l'intention de le consommer selon les règles ; car un tel acte, désordonné, tendant de soi à l'effusion hors du vase, doit être considéré comme une sodomie commencée. C'est l'avis de *Sanchez*, *S. Liguori*, *Bouvier* et beaucoup d'autres. Il faut ajouter que généralement les époux pèchent mortellement, s'ils ne rougissent pas d'exercer des actes très honteux et répugnant gravement à la nature et à l'honnêteté (tels que la masturbation labiale, etc.)

3° De même pèchent mortellement les époux qui de quelque façon que ce soit empêchent la génération, ou s'exposent, comme dit *Collet*, au danger de rejeter le fœtus par voie d'avortement, ou de le blesser gravement.

4° L'homme pèche mortellement, dit encore le savant *Collet*, quand il se retire et ne consomme pas l'évacuation de la semence dans le vase. De même la femme si elle élimine à dessein la semence ou s'efforce de l'éliminer, ou répand à dessein sa propre semence.

······· ·········· ···

Saint Antonin, saint Liguori, etc., etc., affirment qu'il n'y a pas péché mortel, si la copulation une fois commencée, les époux arrêtent l'effusion, c'est-à-dire, si avant l'effusion, l'homme se retire du consentement de la femme, pourvu qu'il n'y ait pas danger d'effusion au dehors du vase, ou de pollution chez l'un ou l'autre époux. Plusieurs autres, comme les RR. PP. *Navarre, Ledesma, Azor,* etc., pensent qu'il y a alors péché mortel, parce qu'on empêche la génération pour laquelle la copulation est faite, et qu'ainsi l'acte conjugal est frustré de sa fin essentielle, qui est la génération.

Saint Liguori demande au cas où l'homme a déjà éjaculé : si la femme pèche en se retirant ou si l'homme pèche mortellement en n'attendant pas la sémination de la femme.

Voici notre réponse : la quasi-spermatisation de la femme ne paraissant pas nécessaire à la génération, nous ne voyons pas trop la solidité des raisons qu'on apporte en faveur du péché mortel, parce que la matière qui forme la spermatisation de la femme n'est point une véritable semence, mais de simples mucosités vaginales et utérines... La femme, d'après tous les physiologistes modernes de l'Europe et du monde entier, est incapable d'une véritable sécrétion séminale ou spermatique ; elle n'a point d'organe spécial pour cela. Elle fournit seulement l'ovule ou le germe qui vient de l'ovaire, plus ordinairement une certaine quantité de mucosités ou d'humeurs lubréfiantes, qui sont l'effet de l'organisme érotique et qui sont propres à faciliter ou à compléter l'acte conjugal, mais qui ne paraissent pas du tout essentielles à la fécondation.

....

De ce fait d'union sexuelle accomplie du côté de la femme avec dégoût, répugnance, une sorte d'horreur, malaise et souffrance physique, il s'ensuit que, dans ces cas de coïts froids et insensibles, il n'y a point de sémination prolifique dans le sens que l'entendent les théologiens, parce que, dans un tel acte, il est physiologiquement impossible qu'une effusion de sperme s'accomplisse sans sensation érotique ou voluptueuse de la part de la femme, comme du côté de l'homme. Donc la sémination féminine n'est pas nécessaire à la conception, puisque celle-ci peut s'accomplir sans elle par le seul fait de la sémination virile.

....

Les théologiens *demandent* :

Est-il permis à la femme, quand l'homme s'est retiré après la sémination, de s'exciter aussitôt elle-même par des attouchements à sa propre éjaculation pour se procurer un soulagement nécessaire ?

Réponse : Nous pensons que cela n'est pas permis à la femme, parce que cette action solitaire n'a plus aucun but physiologique dans l'ordre de la procréation ni aucune relation avec l'acte conjugal, et que ce serait une véritable masturbation. Quant au soulagement ou au besoin à satisfaire, nous n'y voyons d'autre remède que la prolongation de l'acte ou un autre acte plus complet et plus normal. Les théologiens qui pensent comme nous apportent pour raison que la semence de la femme n'est pas nécessaire à la génération, et que cette effusion de la femme, étant un acte séparé, ne fait plus une seule chair avec l'homme. *Saint Liguori* ajoute : Si on le permettait aux femmes, il faudrait aussi le permettre aux hommes, dans le cas où la femme se retirerait après sa sémination, et où l'homme resterait en état d'irritation. (Livr. 6, n°219.)

....

« Quoique la semence de la femme, dit *Sanchez*, ne soit pas nécessaire à la génération, cependant elle aide beaucoup à la rendre plus facile... Il n'est pas nécessaire que les deux époux sèment ensemble. C'est pourquoi pendant que l'homme sème, il n'est pas du tout tenu à attendre l'effusion de la femme. La preuve en est que Galien et d'autres enseignent que la semence de la femme n'est pas nécessaire, et ne concourt pas activement à la génération, etc. » Un grand nombre d'auteurs sont ici cités enseignant tout ce que Sanchez vient d'établir, à savoir que la semence de la femme n'est pas nécessaire à la génération… *Sanchez* ajoute : « et beaucoup d'autres, et toute l'école des théologiens (*excepté les disciples de Scot*) »… Ce qui le prouve encore, c'est que d'après l'expérience les femmes conçoivent même malgré elles, en recevant dans le bain la semence virile (ce qui est fabuleux et faux) ; car alors elles ne sèment en aucune façon, autrement elles ne pourraient pas ressentir une très grande délectation vénérienne… Donc, puisque la génération a lieu sans cette semence, même lorsque la sémination a lieu après le coït, il n'y a aucun précepte qui oblige à semer en même temps. On ne peut faire valoir contre cette conclusion que cette sémination simultanée est plus favorable à la génération. Parce que les époux ne sont pas tenus à choisir la voie la plus convenable et la plus favorable à la génération, mais il leur suffit de ne point s'y opposer.

……… ………… …

Les époux pèchent mortellement, s'ils s'accouplent avec une affection adultère et fornicatrice, c'est-à-dire, si l'homme en voyant son épouse désire et ait l'intention de s'accoupler avec une autre femme qu'il se représente ; il en est de même de l'épouse, quand elle songe à un autre homme. Tous les deux commettent l'adultère dans leur cœur. Il n'y a rien de plus honteux, dit saint Jérôme, que d'aimer une épouse comme une adultère. De même ils pèchent mortellement s'ils exercent le coït pour une fin gravement mauvaise, par exemple, pour faire mourir la femme en couches.

Les époux pèchent encore mortellement s'ils se livrent au coït devant témoins, à cause du grand scandale ; ils doivent donc prendre garde que d'autres personnes ne couchent dans leur chambre. Les pauvres et les paysans qui n'ont souvent qu'une seule chambre à coucher pour eux, leurs enfants et leurs domestiques, doivent veiller attentivement, le jour et la nuit, à ce que, en usant de leurs droits, ils ne soient pas pour les autres une occasion de scandale.

§ III

DES ATTOUCHEMENTS ENTRE ÉPOUX

1º … Tous baisers, attouchements, embrassements, regards, entretiens obscènes entre époux, en dehors du danger de pollution et dans les limites de l'honnêteté naturelle, sont licites, s'ils se font dans l'intention du coït ; ce ne sont que des péchés véniels, si l'on s'y arrête, sans se proposer le coït. J'ai dit : *dans les limites de l'honnêteté naturelle*, parce que cette indulgence n'est donnée aux époux, qu'en tant que les actes susdits sont ordonnés selon la nature et la droite raison en vue d'un coït naturel et humain ; et ils sont plus ou moins peccamineux selon qu'ils s'écartent plus ou moins de ces limites. Les époux transgressent gravement ces limites quand ils commettent quelque acte sodomique, ou en agissant avec le danger de la pollution ; hors de ces deux cas, quelque honteux que soient les actes, ils ne paraissent pas excéder le péché véniel (*De la luxure*, dissert. 6, art. 19).

....

En dehors de ces deux cas, tous les actes honteux ne semblent pas excéder le péché véniel, dit aussi Sanchez.

....

Les actes tendant à un coït légitime, sans danger de pollution, sont sans aucun doute licites, ce sont comme les accessoires du coït ; la copule étant licite, ils ne peuvent être illicites. Si cependant ils se faisaient en vue d'une plus grande délectation, quoique tendant au coït, ce serait des péchés véniels, à cause de la fin véniellement mauvaise. Mais s'ils étaient gravement opposés à la droite raison, quoique faits en vue du coït, ils seraient des péchés mortels ; car des époux chrétiens ne doivent pas agir comme le cheval et le mulet qui n'ont pas d'intelligence (Ps. 31, 11) ; mais chacun doit posséder son vase dans la sanctification et l'honneur, non dans la passion du désir, comme les païens qui ignorent Dieu (1re épître aux Thessal. 4, 4).

....

D'après l'opinion la plus commune et la plus vraie, dit *saint Liguori*, il n'y a pas péché mortel dans les attouchements et regards déshonnêtes entre époux pour le seul plaisir, sans rapport à la copule, pourvu qu'il n'y ait pas danger de pollution. « La raison en est que l'état conjugal, de même qu'il légitime la copule, légitime aussi ces actes et regards ; car autrement, la société entre époux étant si étroite, et comme ils ne peuvent si souvent s'accoupler, ils seraient exposés à de continuels dangers, si de tels actes étaient gravement illicites. »

De tout ce qui précède, il résulte que les attouchements exercés entre époux sont péchés mortels s'ils sont accompagnés du danger prochain de pollution, car cette contamination corporelle n'est pas moins criminelle chez les gens mariés qu'elle ne l'est dans les personnes libres.

2o Maintenant, toute la question controversée par les théologiens se réduit à ceci : les actions déshonnêtes sans danger prochain de contamination corporelle et sans intention ni relation à l'acte conjugal sont-elles entre époux péché mortel ou véniel ?

Plusieurs auteurs, entre autres saint Antonin, Sylvester et quelques autres auteurs encore cités par Sanchez affirment qu'il y a péché mortel parce qu'elles tendent essentiellement à la pollution, par cela seul qu'elles ne se rapportent pas à l'acte conjugal ; car, ajoutent-ils, tout acte vénérien qui ne se rapporte pas à l'acte conjugal est péché mortel.

Suivant Sanchez, Busembaum, saint Liguori, Layman, Bonacina, Lessius, Sporer, Diana et un grand nombre d'auteurs cités par saint Liguori et Sanchez, enfin, suivant l'opinion commune, les actions déshonnêtes comme attouchements, regards, etc., entre époux, sans relation à l'acte conjugal et aussi sans danger prochain de pollution ne sont que des fautes vénielles, parce que, pouvant être exemptes de péché si elles étaient rapportées à leur fin légitime, qui est l'acte conjugal, elles ne deviennent péché mortel que par le manque de cette fin légitime.

Il faut pourtant faire ici une distinction : c'est qu'il faut regarder comme cause du danger prochain de pollution, ou même comme une pollution commencée, les actes considérablement, énormément déshonnêtes ou infâmes, mentionnés ci-dessus, soit, comme dit *Sottler*, parce que de tels actes sont ordinairement accompagnés du danger de pollution ; soit parce qu'ils répugnent singulièrement à la nature raisonnable, et qu'ils ne peuvent être rapportés en soi à la copule, et que pour cela ils ne semblent pas pouvoir être excusés de faute grave à cause de l'état de mariage.

C'est avec raison que *M. Rousselot*, le commentateur de Sottler, a fait la remarque suivante : « L'expérience prouve que les pécheurs ne se résignent à avouer ces attouchements qu'avec beaucoup de peine, et s'ils les taisent par honte, en sont beaucoup plus tourmentés. Donc les époux considèrent naturellement ces attouchements comme déshonorant grandement la créature raisonnable. »

Tout ce que nous avons dit sur cette matière peut se résumer en ce seul passage de saint *Liguori* :

—Je pense qu'il est plus probable que les actes honteux entre époux avec danger de pollution, soit en demandant le devoir, soit en le rendant, sont mortels ; à moins que les époux ne les fassent pour s'exciter à une copule prochaine, parce qu'ayant droit à la copule ils ont aussi droit à de pareils actes, quand même une pollution accidentelle précéderait la copule. Mais je pense que des attouchements même pudiques sont des péchés mortels, s'ils se font avec danger de pollution, par exemple, avec la langue, sur le pénis ou sur le clitoris, vu que, dans ce cas, l'attouchement s'exerce pour la seule volupté ; il en serait autrement si c'était pour un grave motif, comme par exemple s'il y avait un motif urgent de donner des signes d'affection pour réchauffer le mutuel amour, ou si un des conjoints voulait empêcher l'autre de soupçonner qu'il aime quelque autre personne. (*Liv. VI, n° 934.*)

3° Quant aux attouchements et regards sur son propre corps, libidineux et déshonnêtes, sans danger de pollution en l'absence du conjoint, ou dans un temps ou un lieu où le coït ne peut avoir lieu, d'après Sanchez et d'autres qu'il cite, il n'y a que péché véniel, parce que ces actes, disent-ils, sont secondaires et tendent au coït licite, quoiqu'ils n'atteignent pas leur fin légitime.

    ....

L'opinion contraire nous paraît plus sûre et doit être maintenue dans la pratique parce que l'époux, dit saint Liguori, n'a pas droit sur son propre corps *per se*, mais seulement *par accident*, en tant seulement qu'il puisse se disposer à la copule ; d'où il suit que la copule n'étant pas possible alors, les attouchements sur lui-même sont tout à fait illicites ; et parce que l'attouchement des parties génitales, quand il a lieu *morosement* et avec commotion des esprits, tend de soi à la pollution et en entraîne le prochain danger. (*S. Liguori, l. VI*, n° 936.)

§ IV

DU PÉCHÉ D'ONAN ET DE L'ONANISME EN GÉNÉRAL

Tout le monde sait que l'onanisme conjugal, aujourd'hui l'écueil, le fléau, la désolation du mariage, est le crime d'Onan : « *Il répandait à terre son sperme pour n'avoir pas d'enfants,* » dit la *Genèse.*

Établissons maintenant quelques propositions certaines et admises par tous les théologiens :

1° Un homme qui imite la conduite d'Onan, par quelque motif que ce soit, commet un crime énorme, et est incapable d'absolution tant qu'il persévère dans sa mauvaise habitude.

2° La femme qui engage son mari à en agir ainsi ou qui consent à cette action injurieuse à la nature et contraire à la fin du mariage, ou qui, enfin, à plus forte raison s'oppose elle-même à l'accomplissement de l'acte conjugal, commet également un péché mortel, et, comme son mari, elle est indigne d'absolution tant qu'elle demeure dans cette criminelle habitude.

3° La loi de charité impose à la femme le devoir de faire tout ce qui dépend d'elle pour empêcher que son mari, qu'elle sait être disposé à mal faire, ne fasse l'action détestable d'Onan.

4° La femme est tenue de rendre le devoir si son mari, dûment averti, promet de consommer l'acte conjugal de la manière qu'il y est obligé, si toutefois cette promesse est faite sérieusement et que la femme puisse juger prudemment que tout se passera de la manière ordinaire et normale.

Maintenant, la difficulté est de savoir si la femme peut, en sûreté de conscience, rendre le devoir lorsqu'elle est assurée par l'expérience que, malgré ses avertissements, ses prières et toutes ses instances possibles, son mari coïtera à la manière d'Onan.

A cet égard, quatre opinions se sont établies : la première est celle des théologiens qui soutiennent que la femme ne peut rendre le devoir même pour éviter la mort :

1º Parce que, disent-ils, l'action du mari étant essentiellement mauvaise, la femme participera à son péché dont elle fournit l'occasion prochaine ; 2º parce que le mari ne se propose pas de faire un acte conjugal, mais de se servir du ministère de sa femme pour s'exposer à la souillure ou à la contamination criminelle ; 3º parce que si le mari demandait à sa femme son concours pour un acte sodomique, elle devrait s'y refuser, même au péril de sa vie ; 4º parce qu'enfin la femme coopère aussi directement au crime de son mari qu'un homme participe au larcin d'un voleur en tenant le sac pour y recevoir les objets volés. — Ainsi pensent *Hubert*, les rédacteurs des *Conférences d'Angers* et des *Conférences de Paris*, *Collet*, avec plusieurs docteurs de la Sorbonne, *Bailly*, *Vernier*, etc.

Cette opinion, il faut l'avouer, paraît fortement établie ; elle est fort grave et de nature à faire beaucoup d'impression sur les esprits. Les confesseurs qui la suivent refusent constamment l'absolution à toutes les femmes qui dans de pareilles circonstances rendent le devoir à leurs maris. Mais voici les raisons qu'on peut lui opposer :

1º La femme, dit-on, en obéissant à son mari participe au péché dont elle fournit l'occasion. — A cela, *on peut répondre* que la femme fait une chose permise, qu'elle use de son droit, dont elle ne doit pas être privée par la dépravation et la corruption de son mari..., que sans consentir à l'action détestable de son mari elle ne fait que se prêter passivement, par devoir et par obéissance conjugale, à un acte qui, de sa part, est dans l'ordre naturel...

....

2º On dit encore : le mari, dans cette hypothèse, ne demande point un acte conjugal, mais seulement la coopération de sa femme à une action criminelle. — On *peut répondre* que cela n'est pas rigoureusement exact, car la souillure, dans ce cas, n'est pas une véritable *masturbation* ; car *la spermatisation externe* peut, par une circonstance heureuse, produire quelquefois un heureux effet, en ce sens qu'elle ne sera pas alors complètement extra-vaginale...

....

3º On prétend que le cas dont il s'agit n'est en réalité qu'un acte sodomique, et que, par conséquent, la femme ne peut y consentir, même pour éviter la mort. — *On peut répondre* à cela qu'un acte sodomique est toujours *nécessairement* stérile et que vouloir confondre une action naturelle et permise à la femme avec un acte de sodomie, c'est confondre les termes, changer l'acception des mots et le moyen assuré de ne plus s'entendre sur rien...

....

4° On dit que la femme coopère au crime de son mari de même que le complice participe au vol en tenant le sac pour y recevoir les objets volés. — *On peut répondre* qu'il n'y a ici aucune espèce de parité, car la femme use de son droit de justice, et celui qui favorise le vol n'a, à cet effet, aucun droit ni aucun titre légitimes...

....

Saint Liguori affirme que la femme, dans ces circonstances, doit non seulement rendre le devoir, mais même qu'elle y est obligée.

— « Il semble, dit-il, plus probable que l'épouse non seulement peut rendre le devoir, mais qu'elle y est tenue. La raison en est que la faute étant du côté de celui qui demande, puisqu'il a droit à la copule, l'autre ne peut sans injustice le lui refuser, si elle ne peut en paroles le détourner de cette faute ; et alors il est évident qu'en le rendant elle ne coopère pas, même matériellement, à son péché, puisqu'elle ne coopère pas à la sémination en dehors du vase, mais seulement au commencement d'un coït licite en lui-même pour tous les deux. (*Liv. VI, n° 947.*) »

....

— Une pieuse épouse peut-elle se laisser approcher de son mari quand elle sait par expérience que son mari se conduit comme Onan... surtout si l'épouse en refusant s'expose au danger de sévices, ou craint que son mari ne voie des prostituées ?

La *Sacrée Pénitencerie* a répondu le 23 avril 1822 : Dans le cas proposé, la femme de son côté ne faisant rien contre nature et laissant faire une action licite, toute la malice de l'acte venant de celle du mari, qui au lieu de consommer l'acte se retire et répand sa semence hors du vase ; alors, si la femme, après les admonestations voulues, n'obtient rien, et que le mari insiste en la menaçant de coups ou de la mort, ou d'autres graves sévices, elle pourra (selon de graves théologiens) se laisser faire sans péché ; car alors elle ne fait que permettre le péché de son mari, et cela pour un grave motif qui l'excuse, parce que la charité, qui l'obligerait à l'en empêcher, n'oblige pas avec un si grand inconvénient.

— Berthe a un mari qu'elle sait par une constante expérience être onaniste. Elle a essayé en vain tous les moyens pour le détourner d'un si affreux crime ;

bien plus, elle est menacée probablement des plus graves dangers, qu'elle ne pourrait éviter qu'en fuyant de la maison de son mari, si elle ne permet pas au moins quelquefois l'abus du mariage.

La *Sacrée Pénitencerie*, aux dates des 15 novembre 1816 et 1er février 1823, a répondu :

De graves et austères théologiens sont d'avis que l'épouse peut rendre le devoir à son mari si son refus doit la faire maltraiter par lui et qu'elle ait à craindre quelque grave inconvénient ; car, disent-ils, dans ce cas, l'épouse n'est pas censée coopérer formellement au péché de son mari, mais seulement le permettre pour une cause juste et raisonnable. Il faut cependant l'avertir de ne pas cesser d'inviter prudemment son mari à éviter cette turpitude.

••••••• •••••••••• •••

CONSULTATION
SUR CERTAINES PROPOSITIONS TOUCHANT L'ONANISME

On demande au Saint-Siège quelle note théologique il faut appliquer aux trois propositions suivantes :

1o Pour des raisons honnêtes les époux peuvent user du mariage à la façon d'Onan.

2o Il est probable que cet usage du mariage n'est pas défendu par le droit naturel.

3o Il ne convient jamais d'interroger sur ce sujet les époux de l'un et de l'autre sexe, quand même on aurait raison de craindre que les époux n'abusent du mariage.

Réponse, 4 mai 1851.

A la première : cette proposition est scandaleuse, erronée et contraire au droit naturel.

A la deuxième : cette proposition est scandaleuse, erronée, et d'ailleurs implicitement condamnée par le pape Innocent IX, proposition 49e. (La pollution n'est pas défendue de droit naturel, d'où il suit que si Dieu ne l'avait pas interdite elle serait souvent bonne, et quelquefois obligatoire sous peine de péché mortel.)

A la troisième : proposition fausse, trop relâchée et dangereuse en pratique.

ANGELUS ARGENTI,
Notaire de la Sainte Inquisition romaine
universelle.

ARTICLE TROISIÈME

DE LA CONDUITE DES CONFESSEURS A L'ÉGARD DES PERSONNES MARIÉES ET DE CELLES QUI SE DISPOSENT A ENTRER DANS L'ÉTAT DE MARIAGE

Un confesseur ne saurait trop se pénétrer de la connaissance des nombreuses et difficiles obligations des époux, qui ont été exposées dans le cours de cet ouvrage. Il faut surtout qu'il les leur représente et les leur inculque suivant l'occasion et le besoin. Il doit se rappeler que les fautes les plus graves et les plus ordinaires des personnes mariées sont les refus injustes du devoir conjugal, l'empêchement ou l'obstacle que l'on apporte volontairement à la génération par les actes onaniques, sodomiques et quelques autres pratiques secrètes plus rares et connues seulement de quelques femmes et de quelques hommes profondément corrompus : manœuvres sataniques d'autant plus difficiles à découvrir que tout se passe à l'extérieur comme dans l'état ordinaire et normal. Le peu de mots qu'il nous a été possible de dire sur ces infernales inventions doit suffire aux confesseurs pour les mettre sur la voie de l'investigation.

....

Les confesseurs devront se rappeler que les gens mariés des deux sexes pèchent encore plus souvent qu'on ne pense de la manière que pèchent les personnes libres : la masturbation solitaire ne leur est pas toujours inconnue, ou ils ne l'ont pas complètement oubliée. Il est donc du devoir d'un sage confesseur de chercher avec soin à découvrir les nombreuses et hideuses plaies de toutes les âmes plongées dans la matière et souvent même dans la plus infecte corruption. A cet effet, il lui sera souvent nécessaire de faire des interrogations indispensables...

....

Quant à l'abominable crime d'onanisme qui se répand partout dans ces malheureux temps, et dont se souillent si honteusement les époux, surtout plus jeunes, que le confesseur leur demande s'ils n'ont aucun remords au sujet de l'acte conjugal, et s'ils ne craignent pas d'avoir trop d'enfants, si dans le coït ils n'ont rien fait pour empêcher la génération, s'ils n'ont rien commis de honteux en dehors de l'acte, etc... Qu'il ajoute qu'il lui est pénible de faire de telles questions et de toucher de telles matières, mais que cela est nécessaire, pour qu'ils sachent ce qui leur est permis ou non ; autrement il leur arriverait de commettre très souvent de très graves fautes par une ignorance inexcusable. Beaucoup, en effet, comme nous l'avons déjà dit, s'imaginent faussement que dans le mariage tout leur est permis, et qui, par des péchés que peut-être ils regardent comme légers, encourent la damnation éternelle.

« Le vice d'onanisme découvert, le confesseur ne peut absoudre le coupable, qu'à condition qu'il se repente de son péché, et ait le ferme propos de ne plus pécher à l'avenir. S'il est incorrigible, le confesseur doit lui refuser l'absolution.

» Quant à la femme qui induit son mari à cette action, ou y consent, ou qui se retire elle-même, malgré son mari, le confesseur ne peut l'absoudre que dans le cas d'une vraie douleur et du ferme propos. Si elle en a l'habitude, on ne peut l'absoudre en aucune façon. C'est pourquoi il faut interroger à ce sujet les femmes qui sont cause que leurs maris se souillent de l'onanisme, et il faut les avertir sérieusement qu'elles sont tenues par la loi de la charité à les détourner de ce crime. Cependant dans le doute si le mari averti agira bien ou mal, la femme peut rendre le devoir, bien plus, elle y est tenue ; car dans le doute un droit certain ne peut être refusé. » (M. Rousselot.)

Chez certaines femmes on peut s'y prendre de la manière suivante : on feint d'entrer dans quelques détails relatifs aux enfants de la pénitente, car très souvent ce sont les femmes elles-mêmes qui ne veulent pas la fin du mariage ; on l'interroge sur la manière dont elle les élève et s'ils le sont chrétiennement, etc. — On ajoute ensuite : « Vous seriez sans doute heureuse si Dieu vous en donnait encore d'autres pour les élever de même, afin qu'il vous procurassent de nouvelles et abondantes consolations ? » Souvent à ces derniers mots il leur échappe cet aveu involontaire : « *Ah ! mon Dieu, j'en ai déjà bien assez !* — Cette réponse vous instruit suffisamment et vous dispense d'en dire davantage.

....

Il est du devoir des confesseurs de dire aux personnes qui sont sur le point de contracter mariage les graves obligations du nouvel état qu'elles vont embrasser. Il sera bon de leur dire que le mariage n'a pas été institué au profit de la passion grossière de la chair, mais pour donner à Dieu et à l'Église des enfants qui deviennent un jour des saints et des habitants du ciel. — On peut ajouter qu'un très grand nombre d'époux s'abusent, se font illusion sur l'état de mariage et se persuadent faussement que tout leur est permis, s'y conduisent comme des êtres sans raison et s'abandonnent sans frein et sans mesure à l'entraînement de leur passion, et qu'ainsi, ils commettent un grand nombre de péchés et se perdront très probablement.

Pour leur éviter un aussi grand malheur dans l'autre vie et d'abord tous les maux de celle-ci qui y conduisent, il faut que le confesseur ait grand soin de leur inculquer cette grave et capitale vérité, savoir : que tout ce qui conduit à la fin du mariage, tout ce qui est dans l'ordre de la procréation et de la génération des enfants est permis ; tout ce qui est contre cette fin de la génération est illicite ou défendu sous peine de péché mortel ; enfin tout ce qui n'est ni suivant ni contre cette fin, par exemple les baisers, les étreintes et tant d'autres familiarités conjugales sont ou péchés véniels, lorsqu'ils sont uniquement faits dans un but voluptueux, ou n'entraînent pas péché lorsqu'ils proviennent d'une affection mutuelle ou du simple désir d'entretenir ou réchauffer l'amour conjugal, à condition toutefois qu'il n'y ait pas péril de pollution. Tout donc peut se résumer sous cette courte formule : ce qui se fait pour la fin est permis, contre la fin est péché mortel ; ni pour ni contre la fin est ou péché véniel ou nul péché.

....

Le confesseur doit encore interroger les époux au sujet des attouchements impudiques ou autres infamies qu'ils commettent souvent entre eux. Il peut commencer ainsi : « N'avez-vous rien fait avec votre conjoint en dehors des choses permises par le mariage, c'est-à-dire des choses nécessaires à la génération ? » S'il répond qu'il y a eu quelque chose de tel, il faut demander en quoi il consiste, et l'amener à déclarer enfin s'il y a eu des attouchements ou des exercices honteux ; il faut demander s'il y a eu pollution, ou danger de la souffrir ou de la procurer.

....

COMPENDIUM
ABRÉGÉ
CONTENANT LA SOLUTION
DE
TOUS LES CAS DE CONSCIENCE
SUIVANT
LA DOCTRINE DES CONCILES

COMPENDIUM

Le *Compendium* est le petit guide de poche des confesseurs. Tous les cas de conscience possibles et imaginables y sont mis en scène au moyen de personnages fictifs, et résolus suivant la doctrine des conciles.

Nous ne citerons que quelques extraits du chapitre : *Devoir conjugal.*

DEVOIR CONJUGAL

Il est très important qu'un confesseur soit instruit minutieusement de cette matière, sur laquelle une infinité de personnes grossières, ou emportées par leurs passions, commettent quelquefois de grands crimes. Car, quoique l'usage du mariage soit licite, il ne l'est pourtant qu'en observant en amour conjugal les prescriptions formelles de l'Église. Les époux doivent se régler sur la fin pour laquelle le mariage a été institué, qui est d'avoir des enfants, ou de s'acquitter de la justice qu'on se doit réciproquement entre mari et femme ; ces deux seuls motifs peuvent excuser de péché. Il en est un troisième : celui de trouver un remède à la concupiscence ; mais celui-là n'est pas exempt de toute sorte de péché ; tel est l'avis de saint Augustin, saint Fulgence, saint Grégoire, saint Bonaventure et saint Thomas.

Au reste, celui des époux qui est requis par l'autre de lui rendre le devoir conjugal est absolument obligé de lui obéir sous peine de péché, à moins que son refus ne soit fondé sur une cause légitime.

Nous dirons quelles sont les causes légitimes du refus.

Apollinaire ayant été marié un samedi soir, et ne pouvant par conséquent recevoir la bénédiction nuptiale que le lendemain à la messe, il a exigé de sa femme le devoir le même jour du mariage. A-t-il péché en cela ?

Réponse. S'il n'y a pas eu de scandale, il n'y a qu'un simple péché véniel. Tel est l'avis du Concile de Trente. (Sess. 24 ; c. 1).

Héraclide, d'un tempérament fort enclin à la lubricité, veut coïter à tout moment avec sa femme. Il invoque la pureté de ses intentions ; car, s'il ne coïtait avec sa femme, il serait obligé d'aller coïter ailleurs. Pèche-t-il en demandant, plus souvent que de raison, le devoir à sa femme ?

Réponse. On est très partagé sur cette question. Beaucoup de théologiens disent que cela est innocent. Mais les saints Augustin, Léon, Thomas, etc., soutiennent qu'il y a là une faute vénielle. Cependant, comme l'Église n'a encore rien décidé là-dessus et qu'on peut faire beaucoup de mal en voulant obtenir un bien trop difficile, il convient de ne pas aisément troubler les fidèles sur ce point ; mais le confesseur les exhortera à se contenir ou à mieux régler leurs passions.

Maurice n'a d'autre intention que de se procurer du plaisir, en demandant à tout propos le devoir à sa femme. Pèche-t-il en cela ?

Réponse. Cela ne fait pas de doute, puisque l'on ne peut user du mariage que dans le but d'avoir des enfants ou pour exercer la justice envers sa partie. Il n'est pas plus permis de coïter, même avec sa femme, que de manger et boire, pour le seul plaisir. (Arrêt d'Innocent XI.)

Albert, en jouissant de sa femme, le fait par raison de santé. Pèche-t-il ?

Réponse. Il y a là une faute vénielle, parce que c'en est une d'user du mariage pour une fin pour laquelle Dieu ne l'a pas institué. (S. Thomas.)

Dunstan a coutume d'exiger le devoir chaque dimanche matin avant d'aller à la messe. Pèche-t-il en cela ?

Réponse. Il est évident que la volupté du coït n'est pas faite pour prédisposer l'homme aux choses saintes ; cependant, il n'y a pas là de péché mortel ; mais le péché est véniel, et même très caractérisé. Il devient mortel, si le mari, en jouissant, pense à mépriser la sainteté du dimanche.

Si le mari doit non seulement entendre la messe, mais encore communier, il pèche mortellement en jouissant de sa femme.

Si c'est la femme qui doit communier et que les propositions voluptueuses soient venues de son mari, elle n'a, après le coït, aucun péché sur la conscience ; mais il y a à cela une condition expresse : c'est que rien de cette action ne lui restera dans la pensée ni dans les sens, et encore faut-il qu'elle ait un grand désir de recevoir Notre-Seigneur ou qu'elle ne puisse s'en abstenir sans être remarquée.

Gabrielle, fortement sollicitée par Paulin son mari à lui rendre le devoir, le lui a refusé, parce qu'elle savait qu'il péchait mortellement en le lui demandant. Cette raison suffit-elle pour excuser son refus ?

Réponse. Si le péché de Paulin venait de quelque circonstance qui rendît l'acte conjugal illicite, comme s'il le voulait exiger dans une église ou dans un lieu public, ou encore si Gabrielle savait que Paulin retirerait son membre au moment de l'effusion de la semence, elle n'était ni obligée ni ne pouvait en sûreté de conscience lui rendre le devoir conjugal. Par contre, si la circonstance du péché de Paulin ne regardait que sa personne même, comme s'il avait une intention criminelle secrète en le demandant, et que d'ailleurs il ne fût pas déchu de son droit, sa femme était obligée de le lui rendre. (Sylvius, quest. 64).

Georges demande le devoir à sa femme, tandis que celle-ci a ses règles. Pèche-t-il mortellement ?

Réponse. Oui, s'il sait que sa femme a ses règles. D'où il résulte qu'il est du devoir d'une femme de toujours informer son mari du moment où ses menstrues lui viennent.

Alfred, à la suite d'excès vénériens dont il a du reste reçu l'absolution et dont il se repent, a contracté une maladie qui, guérie incomplètement, lui a laissé un écoulement. Cet écoulement ne présente aucun danger de contagion. Alfred peut-il sans péché exiger le devoir de sa femme ?

Réponse. Le cas est particulièrement délicat. Il est certain que l'écoulement, dont est affligé Alfred, n'a aucun rapport avec la semence et n'est nullement prolifique. Alfred commet donc un péché mortel (S. Thomas). Cependant, s'il a demandé le coït en agissant sous l'empire d'un besoin irrésistible et pour s'éviter d'aller forniquer avec une autre femme, il n'y a pas péché.

Évrard et sa femme se trouvent dans la nécessité de demeurer longtemps dans une église, pendant un temps de guerre. Évrard se voit dans un danger évident d'incontinence ; il croit pouvoir exiger de sa femme le devoir. L'a-t-il pu sans péché mortel ?

Réponse. Selon l'opinion la plus probable, il a péché mortellement, et la femme aussi en lui obéissant, parce qu'ils ont violé par une telle action, quoique licite d'ailleurs, le respect qui est dû à Dieu et au lieu saint qui est particulièrement consacré à son culte. Et certes, si des époux qui se trouvent séparés les uns des autres par des emplois, des maladies, la prison, l'exil, etc., sont obligés sous peine de péché mortel de garder la continence, pourquoi n'y seront-ils pas obligés sous la même peine, lorsqu'ils se trouveront dans un lieu saint pendant quelques jours seulement ou quelques semaines ? et cela dans un temps de larmes, de pénitence et de prières auquel, selon les anciens canons, les époux chrétiens doivent s'abstenir de l'usage du mariage ! (S. Antonin, les RR. PP. Soto et Navarre).

Aline a fait vœu de continence du consentement de Bertrand son mari. Bertrand peut-il dans la suite exiger d'elle le devoir conjugal sans péché mortel ?

Réponse. Ou Bertrand, en consentant au vœu d'Aline, a eu l'intention positive de renoncer pour toujours au droit qu'il avait de lui demander le devoir ; ou il n'a pas eu cette intention. Dans le premier cas, il ne peut sans péché mortel exiger le devoir. Dans le second, il peut l'exiger. (R. P. Navarre, *Man.* c. 16).

Eugénie, femme de Théodore, a trouvé, après la mort de sa sœur, des lettres d'amourettes que Théodore avait écrites à cette dernière avant son mariage. Les termes libres de cette correspondance lui donnent un violent soupçon d'un commerce criminel entre eux. Sachant qu'en ce cas son mariage serait nul, elle doute s'il ne l'est pas, et ce doute la trouble chaque fois que Théodore jouit d'elle. Peut-elle malgré cela lui rendre le devoir ou même l'exiger sans péché mortel ?

Réponse. En général, si le doute est léger et mal fondé, on n'y doit avoir aucun égard. S'il est juste, sans aller jusqu'à la certitude, celui des deux époux qui en est agité peut rendre le devoir, mais il ne le peut exiger. Si la chose approche si fort l'évidence qu'il la croie certaine, il ne peut en conscience ni le rendre ni le demander ; et s'il n'a pas de preuves suffisantes pour obtenir une sentence de séparation, il doit garder une parfaite continence, sans jamais user du mariage, quand même on voudrait l'y contraindre (Innocent III, *De sent. excomm.*, ch. 44). Cependant, afin de ne pas se tromper sur une matière si difficile et si importante, le plus sûr parti est d'expliquer minutieusement le fait à son confesseur, et même au besoin de lui communiquer la correspondance qui a fait naître les soupçons.

Bélonie peut-elle refuser le devoir, par cela seul qu'elle a une fort grande répugnance à le rendre ?

Réponse. L'apôtre a décidé cette question (1ʳᵉ lettre aux Corint., v. 7) par ces sages paroles : Que le mari rende à sa femme ce qui lui est dû, et que la femme en fasse autant vis-à-vis de son mari ; le corps du mari appartient à la femme, et le corps de l'épouse à l'époux. D'où S. Antonin et tous les autres pères de l'Église concluent qu'un des conjoints ne peut, sans pécher mortellement contre la justice et la foi solennellement donnée, refuser le devoir à l'autre, quand celui-ci le lui demande sérieusement ; car alors il se rend coupable des incontinences et de l'adultère de son conjoint. Ce serait autre chose si le mari ne demandait ce qui lui est dû que comme une marque d'amitié et en faisant assez comprendre par son visage ou par ses gestes qu'il s'en soucie peu ; ce serait encore une autre question si le mari était un emporté ne laissant à Bélonie aucun repos (R. P. Sylvius).

Blaisine, qui n'ose demander catégoriquement le devoir à son mari, lui fait comprendre par ses regards, par ses caresses, par son attitude, qu'elle le désire. Jacques, qui le voit bien, est-il obligé en conscience de le lui rendre ?

Réponse. Il en est de Jacques comme d'un débiteur qui sait que son créancier souffre, quoiqu'il n'ose par bonté ou timidité lui réclamer son dû. Comme donc le débiteur est tenu en ce cas de payer son créancier, quand il le peut, de même Jacques doit rendre le devoir à Blaisine, si cela lui est possible.

Il n'en est pas ainsi de la femme, à parler généralement ; parce que, dit S. Thomas, les hommes n'agissent pas avec la même discrétion pour demander le devoir à leurs femmes. Cependant, comme il y a des maris que l'inégalité des conditions, la fierté de leurs femmes, une timidité naturelle, mettent dans le cas de Blaisine, leurs épouses sont obligées de se rendre à leurs désirs, quoique tacites et indirects.

Joséphine a un mari fort lubrique, qui veut quelquefois l'obliger à lui rendre le devoir, quoiqu'elle soit notablement malade. Y est-elle obligée, de peur qu'il ne tombe dans l'incontinence ?

Réponse. Une femme n'est obligée, ni par justice, ni par charité, de se prêter dans un cas pareil, et il y a de l'inhumanité à l'exiger. Mais elle ne peut s'en dispenser pour éviter les incommodités de la grossesse et de l'enfantement. Ce sont des maux attachés à son état.

Jeanne veut nourrir son enfant. Son mari exige le devoir. Elle demande si elle peut le refuser pendant qu'elle allaite l'enfant.

Réponse. Une femme qui connaît, par expérience, qu'en coïtant avec jouissance dans ce temps-là son lait se corrompt et devient notablement dommageable à son enfant, ou qu'elle cesse d'en avoir suffisamment pour le nourrir, peut sans péché refuser le devoir à son mari, et celui-ci ne peut par contre le lui demander sans offenser Dieu. Néanmoins, s'il se trouve dans le péril d'incontinence, la femme doit, si elle en a les moyens, mettre son enfant en nourrice afin de pourvoir par elle-même aux besoins voluptueux de son mari. Que si à cause de sa pauvreté elle ne peut faire nourrir son enfant par une autre, elle refusera de coïter parce que son mari n'a pas le droit d'exiger le devoir aux dépens de la vie ou de la santé de son enfant. Tous ces détails devront donc être donnés minutieusement par la femme au confesseur, afin qu'il se prononce sur le cas et qu'il lui indique comment elle aura à se comporter.

Éléonore s'étant trouvée dans un danger évident de mort dans ses couches précédentes, les médecins et chirurgiens lui ont déclaré qu'elle ne pourrait plus avoir d'enfants sans mourir. Est-elle, nonobstant cela, obligée de rendre le devoir à son mari Étienne qui le demande comme un droit de rigueur ; et surtout si elle sait qu'il est déjà tombé dans l'incontinence, à cause du refus qu'elle lui a fait ? On lui a dit qu'elle y est tenue, parce qu'on est obligé d'exposer sa propre vie corporelle pour le salut de son prochain.

Réponse. — La charité ne permet pas à Étienne de demander le devoir en ce cas, et Éléonore ne peut ni ne doit le rendre, parce que, n'étant pas maîtresse de sa vie, elle ne peut sans péché s'exposer à un danger visible de la perdre. Au reste, on n'est obligé d'exposer sa vie pour le salut du prochain, que quand il est dans une nécessité extrême. Or, Étienne n'est pas réduit par le refus de sa femme à une nécessité extrême, parce qu'il peut trouver d'autres remèdes à son incontinence, entre lesquels la prière est le principal.

Il pourra arriver encore que, pour concilier tout, Éléonore acceptera de procurer de la jouissance à Étienne par un de ces moyens que la nature réprouve et en vertu desquels l'effusion de la semence sera sans risque de grossesse, comme la masturbation labiale ou l'accomplissement de l'acte vénérien entre les seins, sous le bras, dans les cheveux, etc. Bien qu'il soit évident que, dans ce cas, les époux ne se sont pas adonnés, par pure malice, à ces actes contre nature, ils n'en auront pas moins commis le péché, puisque c'est pécher mortellement qu'user du mariage contre la fin pour laquelle Dieu l'a créé. Toutefois, s'il lui est bien démontré qu'Étienne ne peut absolument pas refréner ses besoins charnels et qu'Éléonore d'autre part est certaine de la mort en cas de grossesse, le confesseur pourra absoudre les deux époux. (Voir St-Augustin. Livre II *de conjugiis adult.*, chap. 10.)

Fernand a coutume de demander le devoir à Laure sa femme, quand il est ivre. Est-elle tenue de le lui accorder ?

Réponse. Si Fernand est tellement ivre qu'il ait perdu l'usage de la raison, Laure n'est pas obligée à lui rendre le devoir, parce qu'alors il ne le demande pas d'une manière humaine (*humano modo*). Cependant, si le refus de Laure exposait Fernand à un danger évident d'incontinence, la femme, de l'avis du R. P. Sylvius, serait pour lors obligée par le précepte de la charité à obéir à son mari. On peut raisonner à peu près de même d'un homme furieux ou insensé, ainsi que l'enseigne le même théologien (*Suppl. quæst. 69, Art. 1*).

Adrien, qui a fort peu de bien, se voyant déjà chargé de six enfants, quoique sa femme soit encore jeune, a refusé plusieurs fois le devoir à sa femme de peur d'être hors d'état de nourrir tant d'enfants. Pèche-t-il ?

Réponse. Puisqu'il y a un Dieu qui nourrit les oiseaux et qui n'abandonne point ceux qui mettent en lui leur confiance, la crainte d'avoir trop d'enfants ne peut dispenser un mari de rendre le devoir à sa femme, lorsqu'elle le lui demande formellement, ou même d'une manière indirecte et interprétative.

Henri a été nominalement frappé d'excommunication majeure. Sa femme demande si elle est obligée de lui rendre le devoir ?

Réponse. Dans aucun cas ni sous aucun prétexte, elle ne doit, elle, provoquer son mari à l'acte vénérien. Quant à se prêter à ses exigences, les opinions des théologiens sont partagées. S. Augustin pense que la femme d'un impie frappé directement et personnellement d'excommunication majeure doit se séparer tout à fait de son mari et par conséquent lui refuser le devoir conjugal. S. Bonaventure et S. Thomas pensent au contraire que la censure ne dispense pas des devoirs imposés par la loi naturelle. La question n'a été encore tranchée par aucun concile. Innocent III a proposé un moyen terme : la femme d'un homme atteint nominalement d'excommunication majeure doit rendre le devoir à son mari quand il l'exige d'une façon formelle ; mais elle ne peut, sans tomber dans le péché, participer au plaisir de l'acte vénérien, c'est-à-dire qu'elle doit le subir d'une manière complètement passive et, par tous ses efforts, dégager son esprit de l'accouplement auquel elle n'a pu se soustraire. (*De Sent. excomm.*, ch. 31).

Julie, catholique, a épousé Baptistin, calviniste, avec stipulation expresse qu'il lui serait loisible de faire baptiser et élever dans l'Église catholique les enfants qui naîtraient de leur mariage. Cependant, Baptistin a fait baptiser le premier au Prêche et le fait élever dans l'hérésie. Julie demande si elle ne peut pas refuser à l'avenir le devoir, pour n'avoir pas le déplaisir de mettre au monde d'autres enfants qui seront un jour des hérétiques et par conséquent des réprouvés ?

Réponse. Julie doit se plaindre fortement à Baptistin de sa mauvaise foi. S'il promet sérieusement de se corriger, elle fera une nouvelle épreuve. Mais, s'il lui déclare qu'il ne veut pas tenir sa promesse, ou que la lui ayant renouvelée, il continue à la violer, Julie est en droit de refuser le devoir à Baptistin, pour la raison marquée dans l'exposé.

LES DIACONALES

MANUEL DES CONFESSEURS

PAR
Mgr BOUVIER
Évêque du Mans[3]

[3] Sur la page en regard du titre on lit :

AVIS ESSENTIEL

Toute demande de cet ouvrage doit être accompagnée d'une autorisation de M. le supérieur du grand séminaire du diocèse ou du vicaire général ; sans cette formalité indispensable il ne sera délivré aucun exemplaire.

LES DIACONALES

MANUEL DES CONFESSEURS

CHAPITRE PREMIER
DE LA LUXURE EN GÉNÉRAL

La luxure, qui tire son nom du mot luxer, est ainsi appelée parce que le propre de ce vice est de relâcher, de détruire les forces de l'âme et du corps : aussi l'appelle-t-on quelquefois dissolution ; et on dit de ceux qui se livrent avec passion aux jouissances de l'amour, qu'ils sont dissolus. On définit la luxure ainsi : l'appétit désordonné aux plaisirs vénériens.

Ces plaisirs sont appelés *vénériens* parce qu'ils ont pour but la génération à laquelle les païens faisaient présider la déesse Vénus.

CHAPITRE II
DES DIFFÉRENTES ESPÈCES DE LUXURE NATURELLE CONSOMMÉE

La luxure est naturelle lorsqu'elle n'est pas en opposition avec la propagation du genre humain. — L'union des deux sexes en dehors du mariage est donc un acte purement charnel, à la condition d'être pratiqué d'une manière propre à la génération. Cet acte est accompli par le fait de l'écoulement de la matière séminale de l'homme dans l'intérieur des parties sexuelles de la femme.

On compte six espèces de luxure :

- *La fornication,*

- *Le stupre,*

- *Le rapt,*

- *L'adultère,*

- *L'inceste,*

- *Le sacrilège.*

ARTICLE PREMIER
DE LA FORNICATION

La fornication est l'union intime et d'un consentement mutuel d'un homme libre et d'une femme libre, mais ayant déjà perdu sa virginité…

....

Il y a trois sortes de fornication : *la fornication simple, le concubinage, la prostitution.*

§ I
DE LA FORNICATION SIMPLE

La fornication simple est celle qui résulte d'un commerce passager avec une ou plusieurs femmes.

....

§ II
DU CONCUBINAGE

Le concubinage est le commerce d'un homme libre avec une femme libre, et qui, demeurant soit dans la même maison, soit dans des maisons séparées, vivent ensemble.

....

§ III
DE LA PROSTITUTION

La prostitution est un métier ou un acte : comme métier, c'est la condition d'une femme prête à recevoir le premier venu et ordinairement pour de l'argent ; comme fait, c'est l'union charnelle d'un homme avec une telle femme, ou d'une telle femme avec l'homme qui se présente pour forniquer.

....

ARTICLE DEUXIÈME
DU STUPRE

On appelle généralement stupre toute union charnelle illicite. Ainsi, dans le *Lévitique*, verset 21, chap. 9, et dans les *Nombres*, verset 5, chap. 13, — l'union charnelle de la fille d'un prêtre et l'adultère sont qualifiés de la même manière.

Si quelqu'un accomplit l'acte charnel en employant la violence, il tombe, — pour notre diocèse, — dans un cas réservé.

\.\.\.\.\.\.\. \.\.\.\.\.\.\.\.\.\. \.\.\.

Le stupre est qualifié par beaucoup de théologiens *violence*, et mieux, par d'autres, *défloration illicite d'une vierge*.

\.\.\.\.\.\.\. \.\.\.\.\.\.\.\.\.\. \.\.\.

ARTICLE TROISIÈME
DU RAPT

Le rapt, par sa nature, est une *violence* faite à *toute personne* ou à ses parents dans le but d'assouvir la passion.

\.\.\.\.\.\.\. \.\.\.\.\.\.\.\.\.\. \.\.\.

Le rapt diffère de l'adultère parce que l'adultère viole la justice d'une autre manière que le rapt. De même le viol d'une jeune fille ivre ou endormie constitue un grave péché contre la justice ; ce n'est pas un rapt mais une tromperie ; il en est de même de la corruption sans violence d'une personne qui n'a pas l'usage de la raison ou qui ignore ce genre de péché.

\.\.\.\.\.\.\. \.\.\.\.\.\.\.\.\.\. \.\.\.

On demande ce que doit faire une femme prise de force afin de ne pas être coupable envers Dieu.

Réponse. 1º Elle doit intérieurement repousser toute participation au plaisir, quelle que soit d'ailleurs la violence extérieure qui lui est faite, sans quoi elle pécherait mortellement.

2º Elle doit se défendre de toutes ses forces avec ses pieds, ses mains, ses ongles, ses dents et tous autres instruments, mais de manière à ne pas tuer ou gravement mutiler l'agresseur. Beaucoup de théologiens pensent que la vie et les principaux membres sont plus précieux que l'honneur qu'ils supposent ici n'être que matériellement atteint. Beaucoup d'autres, cependant, soutiennent l'opinion contraire par des raisons puisées dans notre *Théologie morale*, T. 5, p. 392, 4e édit.

3º Si elle espère qu'il puisse lui être porté secours elle doit crier et invoquer l'assistance d'autrui ; car si elle n'oppose pas les résistances qui paraissent en son pouvoir, elle semble consentir.

Or, il vaudrait mille fois mieux mourir que de céder à un pareil danger. Aussi, une jeune fille qui se trouve dans cette extrémité, craignant, avec raison, de consentir aux sensations vénériennes, est-elle tenue de crier, même au péril évident de sa vie, et alors elle est martyre de la chasteté. C'est ce que décident généralement les auteurs contre ce petit nombre de probabilistes. Mais le danger prochain de consentement écarté, il est généralement admis que la jeune fille n'est pas tenue de crier au péril de sa vie et de sa réputation, parce que la vie et la réputation sont des biens de l'ordre le plus élevé. Mais il est presque impossible, comme le dit *Billuart*, t. 13, p. 368, que le danger n'existe pas.

ARTICLE QUATRIÈME
DE L'ADULTÈRE

L'adultère, comme son nom l'indique, dit saint Thomas, consiste à entrer dans le lit d'autrui. Il peut être commis de trois manières :

- 1° Entre un homme marié et une femme libre ;

- 2° Entre un homme libre et une femme mariée ;

- 3° Entre un homme marié et la femme d'un autre.

....

On demande : Si une femme qui se livre au coït avec un autre homme, son mari consentant, commet un adultère.

Réponse. Quelques probabilistes se sont prononcés pour la négative ; ils ont au moins prétendu que dans ce cas il n'était pas nécessaire de déclarer en confession la circonstance d'adultère. Mais Innocent XI a condamné la proposition suivante :

L'union charnelle avec une femme mariée, du consentement du mari, ne constitue pas un adultère ; il suffit donc de dire en confession que l'on a forniqué.

Cette décision du souverain pontife est basée sur une raison évidente. En effet, le mari, par la force même du contrat et de la raison qui a présidé à l'institution du mariage, a le droit de se servir de sa femme selon l'ordre de la propagation de l'espèce, mais il ne peut ni la céder, ni la prêter, ni la louer à un autre sous peine de pécher contre l'essence du mariage ; son consentement ne peut donc enlever en rien à la malice de l'adultère.

ARTICLE CINQUIÈME
DE L'INCESTE

L'inceste est l'union charnelle entre parents par consanguinité ou par alliance aux degrés prohibés.

....

Les théologiens ne sont pas d'accord sur le point de savoir s'il y a une seule ou plusieurs espèces d'inceste. Un grand nombre prétendent qu'ils sont de différentes espèces parce qu'il y a une malice spéciale dans l'union charnelle entre parents par consanguinité qu'on ne trouve pas lorsqu'elle a lieu entre parents par alliance. Lorsqu'il s'agit du coït d'un fils avec sa mère ou d'un père avec sa fille l'inceste est encore différent de l'inceste entre parents d'un degré plus éloigné de consanguinité ou d'affinité. C'est ainsi que pense *Concina* qui dit, T. 15, p. 282, que cette opinion est la plus ordinaire et la plus probable.

Cependant l'opinion contraire nous paraît plus probable et plus ordinaire ; tous les incestes, en effet, sont contraires à la même vertu : le respect dû à ses parents. Ils diffèrent donc par leur plus ou moins de gravité, mais non par une malice particulière ; ils sont de la même espèce.

Quoi qu'il en soit de cette controverse au point de vue spéculatif, il est certain que l'obligation existe de déclarer en confession si l'inceste a eu lieu entre parents par alliance ou par consanguinité, en ligne directe ou collatérale et à quel degré : sans cela, la malice de cet acte ne serait pas suffisamment dévoilée. A qui persuaderait-on, en effet, que l'union charnelle d'un fils avec sa mère, d'un frère avec sa sœur, etc., est suffisamment déclarée sous la dénomination générale d'inceste ? On doit donc déclarer les divers degrés auxquels le mariage est prohibé.

....

ARTICLE SIXIÈME
DU SACRILÈGE

Le sacrilège, en tant que péché de luxure, est la profanation d'une chose sacrée par l'acte charnel. Il constitue, indubitablement, une espèce de luxure à part, car, outre le péché contre la chasteté, il renferme évidemment quelque chose de contraire au respect dû à Dieu.

Par *chose sacrée* on entend une personne consacrée à Dieu, un lieu destiné au culte et tous autres objets spécialement consacrés.

On entend par *lieu consacré au culte* ou *lieu sacré* celui que l'autorité publique a destiné à la célébration des offices divins ou à la sépulture des fidèles ; tels sont les églises et les cimetières bénits.

....

Tout acte vénérien accompli volontairement, même d'une manière cachée, dans un lieu sacré, entraîne la malice du sacrilège, attendu, suivant l'opinion générale, que c'est une irrévérence envers le lieu saint et envers Dieu.

Le lieu saint se trouverait souillé par la publicité de cet acte et par l'écoulement de la matière séminale, quoiqu'elle ne fût pas répandue sur le pavé. *Décret*, Tit. 68, ch. 3, et de la *Consécr.*, Tit. 1, ch. 20. — Ce n'est cependant pas par la publicité que le lieu est souillé, mais c'est par elle que la profanation est connue et l'usage en est interdit jusqu'à la purification. — *Billuart*, T. 13, p. 404.

Beaucoup d'auteurs prétendent que les regards, les baisers, les discours déshonnêtes et les attouchements impurs dans le lieu sacré, même sans danger prochain d'éjaculation, entraînent la malice du sacrilège, tant à cause du respect dû à Dieu qu'à cause du danger d'éjaculation qui en est inséparable. D'autres appuient l'opinion contraire sur l'axiome suivant : Il ne faut pas aggraver ce qui a un caractère odieux. Et, d'ailleurs, c'est seulement par l'écoulement de la matière séminale que le lieu sacré se trouve souillé. Il résulte de cette diversité même d'opinions entre les savants que la circonstance du lieu sacré doit être dévoilée, surtout si l'acte est par trop honteux, comme de regarder ou de toucher les parties vénériennes.

....

L'union charnelle même légitime entre époux, accomplie sans nécessité dans un lieu sacré, entraîne la malice du sacrilège ; les auteurs s'accordent généralement sur ce point. D'après *Dist.* 68, c. 3. Si cependant cet acte est accompli dans le lieu sacré par pure nécessité, comme lorsque deux époux y sont détenus en temps de guerre et qu'ils sont en danger prochain d'incontinence s'ils ne pratiquent pas le coït, le lieu n'est pas souillé et les époux ne pèchent pas, disent un grand nombre de théologiens ; car l'Église n'est pas censée prohiber un acte en soi licite dans une pareille circonstance.

Mais l'opinion la plus ordinaire, et nous la partageons, est que l'union charnelle entre époux est, dans ce cas, illicite et sacrilège, parce qu'il est impossible que la nécessité soit telle que l'Église fléchisse sur la sévérité d'une loi qui a eu pour but le respect dû à Dieu. Chacun, d'ailleurs, par la prière, le jeûne et autres moyens peut calmer les aiguillons de la chair, comme il serait tenu de le faire si sa *moitié* était absente, malade ou décédée. C'est cette seule opinion qu'il faut admettre dans la pratique. Voy. *Billuart*, T. 13, p. 406, et *saint Liguori*, c. 3, n° 458.

Par *choses sacrées* on entend tous les objets autres que personnes et lieux qui sont consacrés au culte divin, comme les ornements et les vases sacrés. Il est certain que c'est un honteux sacrilège d'abuser de ces choses pour commettre des actes honteux, comme de se servir superstitieusement de l'eau bénite, des saintes huiles ou de l'eucharistie dans un but de luxure, et d'en frotter les parties sexuelles.

....

Le prêtre qui, en administrant les sacrements, en célébrant la sainte messe, ou revêtu des ornements sacrés pour la célébrer, ou même en descendant de l'autel, se procure une éjaculation volontaire ou se délecte dans les plaisirs vénériens, ne peut être excusé d'un double sacrilège. *Saint Liguori*, c. 3, n° 463.

APPENDICE
DES CLERCS QUI EXCITENT A DES PASSIONS HONTEUSES

Plusieurs souverains pontifes ont ordonné aux pénitents que leurs confesseurs porteraient à des actions déshonnêtes de les dénoncer au tribunal de l'Inquisition ou aux évêques du lieu : nous citerons Paul IV, 6 avril 1564 ; Clément VIII, 3 décembre 1592, et Paul V, 1608.

Enfin Benoît XIV, par sa constitution, le *Sacrement de pénitence* du 1er juin 1741, ordonna :

1o De dénoncer et de punir, selon les circonstances, tous ceux qui, en confession ou à l'occasion de la confession, par paroles, signes, mouvements, attouchement, écrits à lire, pendant ou après la confession, auraient excité à des actions honteuses ou tenu des propos déshonnêtes ;

2o D'avertir les prêtres chargés d'entendre les confessions qu'ils sont tenus d'exiger de leurs pénitents la dénonciation de ceux qui, de quelque façon que ce soit, les auraient excités à des actions honteuses ;

3o Il défendit de dénoncer comme coupables les confesseurs innocents ou de les faire dénoncer par d'autres et se réserva, pour lui et ses successeurs, le cas d'une si exécrable turpitude, à moins que le confesseur ne fût à l'article de la mort ;

4o Il déclara que les prêtres qui se seraient souillés d'un crime aussi infâme ne pourraient jamais absoudre leurs complices, même en temps de jubilé, à moins que ce ne fût à l'article de la mort et prononça l'excommunication majeure réservée au Saint-Siège contre celui qui oserait le faire.

Ces diverses constitutions pontificales n'ont jamais été publiées en France, c'est pourquoi elles n'obligent pas strictement, à moins de statuts diocésains spéciaux.

CHAPITRE III
DES DIFFÉRENTES ESPÈCES DE LUXURE CONSOMMÉE CONTRE NATURE.

La luxure consommée contre nature consiste dans l'effusion de la matière séminale d'une façon contraire à la génération, soit en dehors de l'union charnelle, soit dans cette union.

On en compte trois espèces différentes :

Les plaisirs voluptueux ou pollution ;

La sodomie ;

La bestialité.

ARTICLE PREMIER
DE LA POLLUTION

La pollution qu'on appelle aussi plaisir voluptueux ou incontinence secrète consiste dans l'effusion de la semence en dehors de toute union charnelle.

La semence est une humeur ou sécrétion gluante que le Créateur a destinée à la génération et à la conservation de l'espèce : elle diffère donc essentiellement de l'urine qui est formée par la sécrétion des aliments et que la nature, pour se soulager, rejette comme les excréments.

Il y a trois sortes de pollutions :

1º La pollution simple et qualifiée ;

2º La pollution volontaire ou involontaire ;

3º La pollution volontaire en soi ou dans sa cause.

La pollution est *simple* quand il ne vient pas s'y ajouter une malice étrangère, par exemple, lorsque quelqu'un dégagé de tout lien avec un homme ou avec une femme trouve son plaisir dans la masturbation.

On la dit *qualifiée* lorsqu'à sa propre malice vient s'y ajouter une autre, soit de la part de l'objet auquel on pense, soit de la part de celui sur lequel on pratique ou de celui qui pratique la masturbation :

1º La masturbation revêt la malice de l'adultère, de l'inceste, du stupre, du sacrilège, de la bestialité ou de la sodomie, selon que celui qui s'y adonne pense à une femme mariée, à sa parente, etc. Ainsi commettrait un horrible sacrilège celui qui porterait des désirs de concupiscence sur la bienheureuse Vierge en se livrant à la masturbation devant sa statue ;

2º De la part de celui sur lequel on pratique la masturbation, s'il est marié ou consacré à Dieu par un vœu ou par les ordres sacrés ;

3º De la part de celui qui pratique la masturbation, si, par exemple, c'est un religieux ou un prêtre.

Toutes ces circonstances doivent nécessairement être dévoilées en confession parce qu'elles changent la nature du péché.

La pollution volontaire est celle qu'on pratique directement ou dont on recherche volontairement la cause. Elle est involontaire lorsqu'elle se produit sans la coopération de la volonté soit à l'état de veille, soit pendant le sommeil.

Comme la pollution tout à fait involontaire ne peut être un péché, nous n'en parlerons pas ici, en tant que péché.

C'est pourquoi nous traiterons :

1° De la pollution volontaire en soi ;

2° De la pollution volontaire dans sa cause ;

3° De la pollution nocturne ;

4° Des mouvements désordonnés ;

5° De la conduite des confesseurs à l'égard de ceux qui ont l'habitude de se livrer à la pollution.

§ I

DE LA POLLUTION VOLONTAIRE EN SOI.

Plusieurs probabilistes ont prétendu, avec *Caramuel,* que la masturbation n'était pas défendue par la loi naturelle ; que l'éjection de la semence pouvait être comparée à un excès de sang, de lait, d'urine et de sucre et que, par conséquent, si ce n'étaient les prohibitions de la loi positive, il serait permis de provoquer l'éjaculation comme utile à la santé toutes les fois que la nature le demanderait. En cela ils sont contraires à l'opinion de tous les théologiens.

PROPOSITION. — *La masturbation considérée en elle-même est un grave péché contre nature.*

Cette proposition est conforme à l'Écriture sainte, à l'autorité d'Innocent XI, à l'opinion unanime des théologiens et de la raison.

....

Il a été certainement dans l'esprit du Créateur d'affecter la semence humaine et l'acte vénérien tout entier à la procréation et à la perpétuité de l'espèce. S'il était permis de se livrer une fois à la masturbation, il n'y aurait pas de raison pour n'y pas revenir, et c'est ce qu'on ne peut admettre. De plus, on est exposé par le plaisir qui est inséparable de la masturbation, au danger d'en contracter l'habitude ; et nous établirons plus loin que c'est une grave faute de se livrer à la masturbation à cause des fâcheux résultats qu'elle entraîne…

… D'où on doit conclure, qu'il n'est jamais permis de provoquer directement l'éjaculation même quand il s'agit de conserver la santé ou la vie, car, pratiquée même dans ce but, la fornication est un acte illicite ; et la comparaison faite par Caramuel de la semence humaine avec le sang, le lait, l'urine et la sueur, n'a pas de valeur, puisque la destination de l'une est tout à fait différente de celle des autres. On ne doit pas non plus se baser sur ce qu'il est quelquefois permis de pratiquer la saignée ou d'amputer un membre et même les vases spermatiques, — le phallus et les testicules, — car le sang et les membres sont subordonnés à la santé de l'individu et peuvent être enlevés dans le but de lui conserver la vie ; le sperme, au contraire, n'a pas été créé en faveur de l'individu mais bien pour la conservation de l'espèce. Du reste, une saignée ou une amputation ne peuvent entraîner aucun danger, et on ne saurait en dire autant de la masturbation.

§ II

DE LA POLLUTION VOLONTAIRE DANS SA CAUSE.

On distingue ordinairement deux causes de pollution : une prochaine et une éloignée. Les causes prochaines tendent par elles-mêmes à l'éjaculation, comme les attouchements des parties génitales sur soi ou sur autrui, les regards que l'on porte sur elles, les paroles obscènes ou amoureuses, et les pensées honteuses.

Les causes éloignées influent d'une manière moins directe sur la pollution : ce sont les excès dans le boire et le manger, l'étude des questions vénériennes, la confession, etc.

....

Il est certain :

1º Que celui qui, volontairement, même pour un instant, sans intention et pour une cause accidentelle se complaît dans la masturbation, pèche mortellement. C'est ce que personne ne niera.

2º Il en est de même de celui qui fait une action influant directement sur l'éjaculation, en touchant ou regardant amoureusement sur soi ou sur autrui les parties qui doivent rester voilées et qui paraît désirer l'éjaculation qui peut en résulter, ne chercherait-il pas à la provoquer ; c'est de toute évidence.

....

3º En cas de grave nécessité, l'action qui tend à un but légitime ne fournit pas matière à pécher... Ainsi ne pèche pas le chirurgien qui, pour guérir une infirmité ou faire un accouchement, touche ou regarde les parties pudiques d'une femme et qui, à cette occasion, éprouve les effets de la masturbation, pourvu cependant qu'il n'y consente pas, s'exposerait-il même au danger du consentement. Mais, il serait obligé de renoncer à son art s'il tombait fréquemment dans ce danger ; car la nécessité de son propre salut doit l'emporter sur toutes les autres.

4º Ne pèche pas celui qui, pour son utilité ou celle d'autrui, fait une action qu'il sait être de nature à amener l'éjaculation... Aussi, est-il permis d'étudier, dans un but honnête, les *choses* vénériennes, d'entendre les confessions de femmes, de converser avec elles d'une manière utile et honnête, de leur rendre visite et de les embrasser à la manière des parents...

5° On pèche mortellement en faisant une action véniellement mauvaise si elle influe sur la pollution d'une manière prochaine : cela résulte de ce qui vient d'être dit. Ainsi, celui qui est trop sensible aux aiguillons de la chair, qui éjacule lorsque ses regards se portent sur certaines parties du corps d'une femme, ou lorsqu'il touche ses mains ou s'il presse ses doigts, ou s'il cause avec elle ou quand il l'embrasse d'une manière honnête mais sans motif, ou lorsqu'il assiste à des bals, celui-là devra s'abstenir de ces actions sous peine de péché mortel.

········· ············ ···

§ III

DE LA POLLUTION NOCTURNE

Par pollution nocturne on entend l'éjaculation qui se produit pendant le sommeil. Si le sommeil est imparfait, l'éjaculation peut être semi-volontaire, et le péché, par conséquent, véniel. L'éjaculation n'étant nullement volontaire dans le sommeil parfait ne peut entraîner de péché ; car, dans ce cas, elle ne peut être mauvaise que dans sa cause.

Il est certain que celui ou celle qui a préparé une cause dans l'intention de provoquer l'éjaculation pendant le sommeil, en prenant certaines positions dans son lit, ou par des attouchements voluptueux, ou par des lectures de roman, pèche mortellement.

········· ············ ···

On demande : 1° Ce que doit faire celui qui, en s'éveillant, s'aperçoit qu'il est sur le point d'éjaculer ?

Réponse. Il doit élever son esprit vers Dieu, l'invoquer, faire le signe de la croix, s'abstenir de provoquer l'écoulement de la semence, renoncer au plaisir voluptueux ; pourvu qu'il agisse ainsi, il peut se considérer comme exempt de péché, et il n'est pas tenu de contenir l'impétuosité de la nature ; car déjà la sécrétion des humeurs s'est faite dans les vases spermatiques ; il est nécessaire que l'éjaculation se fasse immédiatement ou plus tard, sans quoi le sperme venu des reins se corromprait au détriment de la santé.

On demande : 2° S'il est permis de se réjouir de l'éjaculation lorsqu'elle se produit dégagée de tout péché, en tant qu'elle décharge la nature, ou de la désirer à ce point de vue ?

Réponse. Les auteurs enseignent généralement qu'il est permis de se réjouir des bons effets de la pollution involontaire qui se produit soit pendant le sommeil, soit pendant la veille. Car, sous ce rapport, elle opère un bon résultat.

....

On demande : 3° Ce que l'on doit penser de la *distillation du sperme* ?

Réponse. — La distillation est l'écoulement qui se fait goutte à goutte, et sans mouvements de concupiscence, d'une semence imparfaite ou autre humeur muqueuse. Si elle se produit sans plaisir vénérien, comme il arrive quelquefois à cause de la faiblesse des organes ou des chatouillements provenant d'un prurit insupportable, il ne faut pas, disent *Cajetan* et les théologiens en général, s'en occuper plus que de la sueur.

§ IV

DES MOUVEMENTS DÉSORDONNÉS

Ces mouvements consistent en certaines commotions des parties génitales qui disposent plus ou moins à l'éjaculation ; ils peuvent être graves ou légers ; graves lorsqu'ils sont accompagnés d'un danger prochain d'éjaculation ; légers dans le cas contraire.

....

On demande : Si celui qui reste indifférent aux mouvements voluptueux qui se produisent en dehors de sa volonté, qui ne les approuve ni ne les désapprouve, commet un péché et quelle en est la gravité ?

Réponse. Tout le monde est d'accord pour reconnaître qu'une pareille indifférence est un péché véniel, car l'esprit est tenu d'éprouver de la répugnance pour les mouvements voluptueux désordonnés.

....

§ V

DE LA CONDUITE DES CONFESSEURS A L'ÉGARD DE CEUX QUI SE LIVRENT A LA MASTURBATION

Il n'y a pas de vice plus nuisible sous tous les rapports aux jeunes gens et aux jeunes filles que l'habitude de se livrer à la pollution, c'est-à-dire, de se masturber.

En effet, ceux qui ont pris cette mauvaise habitude tombent dans l'endurcissement, l'hébétement, le dégoût de la vertu et le mépris de la religion.

....

Voici le moyen pour le confesseur de découvrir si son pénitent se livre à la masturbation : d'abord interroger le pénitent sur les pensées, les paroles déshonnêtes, les nudités devant d'autres personnes et les attouchements sur soi ou sur d'autres, ou ce qu'il a permis à d'autres de lui faire. S'il n'est pas encore arrivé à l'âge de puberté, il ne doit pas être interrogé sur la masturbation ; car il n'est pas probable qu'il l'ait pratiquée, à moins qu'il ne paraisse très corrompu. Mais s'il est pubère, qu'il ait pratiqué des attouchements impudiques avec d'autres personnes et surtout qu'il ait couché avec des enfants plus âgés que lui, il est moralement certain qu'il y a eu éjaculation, et il est suffisamment clair que la masturbation s'est faite.

Le confesseur peut cependant dire prudemment :

Avez-vous ressenti des mouvements dans le corps (ou dans la chair) ? — Avez-vous éprouvé dans les parties secrètes une agréable délectation après laquelle les mouvements se sont calmés ?

Si le pénitent répond oui, il est raisonnable de penser qu'il s'est masturbé ; car les mouvements violents suivis d'un plaisir semblable indiquent d'une manière certaine que l'éjaculation s'est produite, qu'il s'agisse de l'un ou de l'autre sexe.

L'écoulement est toujours extérieur chez les mâles ; mais l'éjaculation ne se produit pas de la même manière chez les femmes, puisqu'il est probable aujourd'hui que les femmes ne répandent pas de sperme. Cependant, à la suite de mouvements désordonnés, il y a souvent écoulement intérieur, et rarement extérieur, d'une espèce d'humeur muqueuse. Pendant que cet écoulement a lieu, se produisent des sensations extrêmement agréables, qu'on désigne plus particulièrement sous le nom de *jouissance*.

········ ··········· ···

ARTICLE DEUXIÈME
DE LA SODOMIE

Saint Thomas, 2. 2, q. 154, art. 11, définit ainsi cette monstrueuse corruption qui tire son nom des habitants de Sodome : *Accouplement entre deux personnes du même sexe, par exemple d'un homme avec un homme, ou d'une femme avec une femme.*

········ ··········· ···

Peu importe le *vase* dans lequel pratiquent le coït, les mâles entre eux ou les femmes entre elles, que ce soit dans le vase de devant ou dans celui de derrière, — dans la matrice ou dans l'anus — ou sur une autre partie du corps, puisque la malice de la sodomie consiste dans l'affection pour le sexe *interdit*, et que, dans son genre, elle est complète, par l'application en manière d'union charnelle, des parties génitales sur une partie du corps d'une personne du même sexe. Il n'y a cependant pas sodomie, parce qu'il n'y a pas union charnelle, lorsqu'on applique seulement les mains, les pieds ou la bouche sur les parties génitales d'un autre, — homme ou femme — l'éjaculation se produirait-elle des deux côtés.

....

Il y a une autre espèce de sodomie qui consiste dans l'union charnelle entre personnes de différents sexes, mais hors du *vase* naturel : dans la partie de derrière, c'est-à-dire dans l'anus, ou dans la bouche, entre les seins, entre les jambes ou les cuisses, etc. Quoique ce genre d'infamie ne tombe pas sous les peines portées contre la sodomie proprement dite, il n'en est pas moins certain que cet acte contre nature constitue un crime énorme et, dans notre diocèse, c'est un cas réservé.

ARTICLE TROISIÈME
DE LA BESTIALITÉ

La bestialité résulte de l'accomplissement des actes vénériens avec des êtres appartenant à l'animalité, c'est-à-dire avec des animaux, des bêtes.

....

Quelle que soit l'espèce à laquelle appartienne l'animal, le péché ne change pas de nature, et la différence des sexes ne l'aggrave pas beaucoup, parce que sa malice vient de ce qu'il est contre nature. Il n'est donc pas nécessaire de faire connaître en confession l'espèce, le sexe et les autres qualités des bêtes, mais il faut dire si le péché a été accompli par l'écoulement de la semence ou s'il y a eu seulement essai. Dans notre diocèse, l'un et l'autre de ces cas sont réservés.

....

CHAPITRE IV
DES PÉCHÉS DE LUXURE NON CONSOMMÉE

La luxure non consommée est celle qui n'arrive pas jusqu'à l'écoulement de la semence. A cette espèce se rapportent : la délectation *morose* ou contemplative, les baisers, les attouchements et regards impudiques, la parure des femmes, les peintures et sculptures indécentes, les paroles déshonnêtes, les danses, bals et spectacles. Nous traiterons rapidement ces divers sujets au point de vue pratique.

ARTICLE PREMIER
DE LA DÉLECTATION MOROSE

Sous ce titre sont comprises toutes les pensées mauvaises en fait de luxure, à savoir : le désir, le plaisir et la délectation morose ou contemplative.

Le désir est un acte de la volonté qui a pour objet une action mauvaise comme la fornication, ou qui a pour but d'arriver à l'accomplissement de cette action.

Le plaisir, au contraire, se rapporte au passé : c'est la délectation dans le souvenir d'une mauvaise action, comme, par exemple, quand on évoque le souvenir d'un acte charnel déjà accompli, ou de mauvais propos qui ont été tenus.

La fornication morose ou contemplative n'est autre chose que le ressouvenir d'une action mauvaise que l'imagination nous représente comme réelle, mais sans désir de l'accomplir ; par exemple, lorsqu'on s'imagine qu'on se livre à la fornication.

....

On demande : s'il est permis aux personnes mariées et veuves de prendre plaisir à la pensée de l'acte charnel — le coït — à venir ou passé ?

Réponse : 1° Les fiancés et les veufs ne pèchent pas en pensant que le plaisir est attaché à ces actes, ni en prévoyant qu'ils éprouveront ce plaisir ou en se souvenant qu'ils l'ont éprouvé ; car il est évident que cette notion n'est pas le plaisir dans l'acte vénérien.

....

Réponse : 2° Pèchent mortellement les personnes fiancées, ou les personnes veuves, qui donnent leur consentement à la délectation charnelle que produit en elles la prévision de l'acte futur ou le souvenir de l'acte passé ; car elles se figurent l'acte charnel comme s'accomplissant actuellement et elles y prennent volontairement plaisir. Or, l'acte charnel s'accomplissant actuellement est, à leur égard, une fornication, puisqu'elles ne sont pas mariées.

Réponse : 3° L'époux qui, en l'absence de son épouse, prend plaisir à l'acte charnel comme s'accomplissant actuellement, commet probablement un péché mortel, surtout si les esprits génitaux en sont gravement agités, non pas précisément parce qu'il consent à une chose qui lui est défendue, mais parce qu'il s'expose ordinairement à un grave danger d'éjaculation.

....

ARTICLE DEUXIÈME
DES BAISERS, DES ATTOUCHEMENTS, DES REGARDS IMPUDIQUES ET DE LA PARURE DES FEMMES

Nous ferons observer qu'il ne s'agit pas ici des baisers, attouchements, etc., entre personnes mariées, mais entre personnes libres : nous parlerons ailleurs des personnes mariées.

§ I

DES BAISERS

1° Les baisers sur les parties honnêtes du corps, comme la main et la joue, ne sont pas mauvais de leur nature, même entre personnes de sexe différent :

cela est conforme à l'opinion générale et à la pratique partout admise dans le monde.

D'où il suit : 1º Qu'on ne trouve aucune espèce de mal dans les baisers que les enfants incapables de passions sont dans l'habitude d'échanger.

2º Qu'il n'y a pas de péché dans les baisers que donnent aux enfants qui leur sont confiés les mères, les nourrices, etc.

3º Ni, ordinairement du moins, dans ceux que d'autres personnes, hommes ou femmes, donnent aux enfants en bas âge de l'un ou l'autre sexe.

4º Les baisers même honnêtes, motivés par la passion, donnés ou reçus, entre personnes du même sexe ou de sexe différent, sont des péchés mortels. Mais les baisers sur les parties inusitées du corps, par exemple sur la poitrine, sur les seins, ou à la mode des colombes en introduisant la langue dans la bouche d'une autre personne, sont présumés avoir la passion pour mobile, ou du moins mettent dans un grave danger d'y succomber et pour cette raison, ne peuvent être excusés de péché mortel.

5º Il est certain qu'on doit regarder comme péchés mortels les baisers, mêmes honnêtes, qui mettent dans le danger prochain de pollution ou de mouvements de violente passion, à moins que, par hasard, il n'y ait de graves raisons de les donner ou de les permettre ; car c'est pécher mortellement que de s'exposer au danger sans nécessité.

....

§ II

DES ATTOUCHEMENTS IMPUDIQUES

1º Je suppose des attouchements faits sur soi ou sur d'autres sans intentions lubriques ; car alors ce seraient des péchés mortels.

2º Si ces attouchements sont faits par pure nécessité, comme pour soigner des infirmités, ce ne sont nullement des péchés, mettraient-ils en mouvement les esprits génitaux et exciteraient-ils la pollution, pourvu qu'il n'y ait pas consentement ; cela résulte de ce que nous avons dit plus haut en parlant de la pollution.

3º On ne saurait excuser du péché mortel ceux qui, sans cause légitime, se livrent à des attouchements honteux sur des personnes de l'un ou l'autre sexe, à cause du danger évident de la commotion des esprits et de la pollution.

....

4º Une femme pécherait mortellement si, même sans être dominée par la passion, elle permettait des attouchements sur ses parties pudiques ou sur celles qui les avoisinent, sur les cuisses ou bien sur les seins ; car alors elle s'exposerait évidemment au danger vénérien et participerait, en plus, à la passion d'autrui ; elle devrait repousser aussitôt l'agresseur, le réprimander, le frapper, repousser violemment la main, le fuir ou crier si elle pouvait compter sur du secours. *Billuart*, t. 13, p. 473.

5° Celui qui se complaît *sans motif* dans les attouchements des parties vénériennes commet un péché véniel ou mortel, suivant le danger qu'il court de ne pas s'arrêter là. En effet, le danger n'est pas le même pour tout le monde ; chez beaucoup de personnes, les sens sont ébranlés par les moindres attouchements qui les mettent dans le danger prochain de pollution ; d'autres ont l'insensibilité du bois et de la pierre. Ces derniers, donc, ne sont point tenus à une aussi grande vigilance que ceux qui sont plus portés aux actes vénériens.

....

6° On ne doit pas regarder comme constituant des péchés mortels les attouchements faits, en jouant ou par légèreté, sur les parties honnêtes d'une autre personne, soit du même sexe, soit de sexe différent, lorsqu'il n'y a pas grave danger d'exciter les passions.

....

Mais au contraire, le jeune homme qui attire une jeune fille sur ses genoux, l'y retient assise ou l'étreint en l'embrassant, commet, du moins ordinairement, un péché mortel, et on ne peut pas davantage excuser d'un semblable péché la femme qui s'y prête volontiers.

....

7° C'est un péché mortel, rentrant dans la catégorie de la bestialité, de toucher, d'une manière lascive, les parties génitales des animaux. C'est encore un péché mortel de les manier par curiosité, par plaisanterie ou légèreté, jusqu'à l'écoulement de la semence, non pas à cause de la déperdition de la semence de la bête, mais parce que cette action excite fortement les passions de celui qui s'y livre. Voy. *S. Liguori, l. 3, n° 420, Collet, Billuart* et beaucoup d'autres.

....

§ III

DES REGARDS IMPUDIQUES

L'expérience prouve que les regards influent moins sur l'acte vénérien que les attouchements ; il est certain cependant que ce sont très souvent des péchés mortels ou véniels, suivant l'intention, le consentement ou le danger qui en résulte.

....

Ne pèchent peut-être pas mortellement, même ceux ou celles qui se regardent entre eux à l'état de nudité et qui n'ont pas atteint l'âge de puberté, parce que de pareilles passions n'existent pas encore chez eux. On devrait autrement décider s'ils couraient un grave danger.

Pèche mortellement celui qui se complaît à regarder ses propres parties pudiques, car il est presque impossible que ces regards ne fassent pas naître chez lui des mouvements lubriques. Il en serait autrement s'il les regardait par pure curiosité, et surtout s'il y avait lieu de présumer qu'il n'a pas couru un grave danger. Il n'y aurait pas de péché si, tout danger de lubricité écarté d'ailleurs, ces regards étaient nécessaires ou utiles.

C'est un péché mortel de regarder complaisamment — *morosè* — les seins nus d'une belle femme, à cause du danger inséparable de ces regards.

······· ··········· ···

Ce n'est pas un péché mortel de regarder, par simple curiosité, les parties génitales des animaux ou d'assister à leur coït ; car il n'en résulte pas, d'ordinaire, un grave danger.

······· ··········· ···

§ IV

DE LA PARURE DES FEMMES

S. Thomas, 22, q. 169, art. 2, Sylvius, t. 3, p. 871, Pontas, Collet, Billuart, etc., donnent un traité spécial sur la parure des femmes.

Les soins du corps peuvent être étudiés sous un quadruple point de vue :

1º Le protéger contre les injures de l'air ;

2º Couvrir les parties pudiques ;

3º Conserver, selon la mode, la décence qui convient à son état ;

4º Augmenter sa beauté et plaire à autrui.

Les premier et deuxième aspects de la question sont nécessaires ; le troisième est convenable et licite, car il est conforme à la raison que chacun conserve, selon la mode, la décence qui convient à son état. Nous parlerons donc de la parure considérée du quatrième point de vue.

······· ··········· ···

C'est évidemment un péché mortel de prendre les vêtements d'un autre sexe avec des intentions ou grave danger de lubricité, ou lorsqu'il en résulte un grand scandale. Il n'y a point de péché lorsqu'on les prend par nécessité, par exemple, pour se cacher ou parce qu'on n'en a pas d'autres, pourvu qu'il n'en résulte ni scandale ni danger.

······· ··········· ···

Ceux qui, dans les réunions publiques, portent des vêtements étrangers et bizarres et des masques peuvent rarement être excusés de péché mortel à cause de l'inconvenance, du danger et du scandale qui en résultent. Sont également coupables de péché mortel ceux qui confectionnent ou vendent ces vêtements ou ces masques pour servir uniquement à un pareil usage. Il n'en est pas ainsi de ceux qui regardent les personnes masquées et s'en amusent, à moins que sous un autre rapport, comme clercs par exemple, ils ne donnent matière à scandale.

8° C'est un péché mortel, pour une femme, de se découvrir les seins ou de les laisser voir sous une étoffe trop transparente ; car c'est là une grave provocation à la lubricité, dit Sylvius, *t. 3, p. 872.* Par contre, ce n'est pas un péché mortel de découvrir un peu la gorge en se conformant à la mode, lorsque c'est sans mauvaises intentions et qu'il n'en résulte aucun danger ; c'est la décision de *S. Antoine,* de *Sylvius,* de *S. Liguori, l. 2, n° 55,* etc.

······· ··········· ···

ARTICLE TROISIÈME
DES DISCOURS DÉSHONNÊTES, DES LIVRES OBSCÈNES, DES DANSES OU DES BALS ET DES SPECTACLES

§ I

DES DISCOURS DÉSHONNÊTES

Les discours déshonnêtes de leur nature ne sont pas mauvais en soi comme le prouve l'exemple des médecins, des théologiens, des confesseurs, etc., qui, sans pécher, peuvent traiter les sujets honteux.

Il y a péché mortel, au contraire, dans toute parole obscène et dans de simples équivoques lancées dans un but de lubricité ou de délectation charnelle volontaire, ou bien faisant courir à soi-même ou aux autres un grave danger de consentement. Bien plus, ces péchés s'aggravent en raison du nombre de personnes qui écoutent et auxquelles ils sont nuisibles. Cela est de toute évidence, d'après ce que nous venons de dire.

Ce serait, par conséquent, un péché mortel de parler d'une manière gravement obscène, de prononcer le nom des parties pudiques de l'autre sexe, de parler du coït et des modes du coït, le ferait-on sans délectation, par légèreté, pour exciter le rire : car ces propos sont de nature à provoquer des mouvements lubriques, *surtout* chez les personnes *non mariées* et encore jeunes, selon ces paroles de *S. Paul* aux *Corinth.*, I, *Épit. 15*, 33 : *Les mauvais discours corrompent les bonnes mœurs.*

Ce n'est pas un péché mortel de tenir des discours légèrement obscènes et équivoques sous le frivole prétexte du besoin de parler, ou de les tenir en plaisantant, à moins que ceux qui les entendent ne soient assez faibles pour en être scandalisés.

Les entretiens sur des sujets voluptueux, dans des lieux écartés, entre des personnes de sexe différent, surtout s'ils se prolongent et se répètent souvent, sont très dangereux et le signe du naufrage prochain de la chasteté ; on doit donc les éviter avec soin quoiqu'on ne puisse pas toujours les considérer comme des péchés mortels.

Les jeunes confesseurs doivent éviter, avec le plus grand soin d'exciter une trop vive sensibilité chez les jeunes filles ou les femmes et de s'en faire aimer.

Nous conseillons surtout aux jeunes confesseurs de ne jamais retenir les jeunes femmes auprès d'eux, de ne pas les visiter, de ne pas parler familièrement avec elles, et, à plus forte raison de ne pas les embrasser et de ne pas les introduire dans leur chambre.

SUPPLÉMENT AU TRAITÉ DU MARIAGE

Il existe des questions nombreuses d'une grave importance et sur lesquelles on est appelé à se prononcer chaque jour, concernant le traité du mariage, et que la prudence ne permet pas d'exposer dans un cours public de théologie. Les prêtres qui sont à la veille d'être revêtus des redoutables fonctions de directeur des âmes ne devant pas ignorer ces questions, nous avons l'habitude de les exposer et de les développer devant nos diacres. On peut ramener ces questions à deux principales, savoir :

1º De l'empêchement par impuissance ;

2º Du devoir conjugal.

PREMIÈRE QUESTION
DE L'EMPÊCHEMENT PAR IMPUISSANCE

L'essence du mariage est l'acte charnel consommé et accompli — le *coït*. — Le mariage est consommé par l'écoulement de la semence de l'homme, ou *sperme*, dans le vase naturel de la femme — le vagin — ou par l'accouplement de l'homme et de la femme, — le membre viril introduit dans la matrice — de telle manière qu'ils ne forment qu'une seule et même chair, selon ces paroles de la Genèse : *Et ils seront deux dans une même chair.*

Toutes les fois que le membre viril devenu rigide a pénétré dans le vagin, et que l'écoulement de la semence de l'homme a eu lieu, le mariage est réputé consommé, abstraction faite d'un écoulement analogue chez la femme, chose que d'ailleurs on ne peut pas reconnaître positivement et qui, d'après beaucoup de personnes, n'est absolument nécessaire ni à la conception ni à l'accomplissement de l'acte conjugal. L'impuissance n'est donc pas autre chose que l'impossibilité de consommer le mariage dans les conditions plus haut exposées.

Par conséquent, ceux qui n'ont qu'un testicule ne sont pas impuissants, car ils peuvent introduire leur membre dans le vagin d'une femme et répandre la semence prolifique. On ne doit pas non plus regarder comme impuissants les vieillards même décrépits. On a vu, en effet, des centenaires avoir des enfants de leur commerce avec de très jeunes filles.

Les femmes stériles ne sont pas, pour ce motif, impuissantes ; car il peut arriver que l'introduction du membre viril ait lieu et qu'elles reçoivent la semence de l'homme sans la retenir ou que toute autre cause les empêche de concevoir. Lorsque l'écoulement de la semence a lieu dans le vase naturel, — c'est-à-dire dans la matrice, — l'acte conjugal est accompli et l'impuissance n'existe pas, quoique, par suite de circonstances accidentelles, la conception n'ait pas lieu. Sont au contraire réellement impuissants les vieillards trop faibles pour introduire leur membre dans le vagin d'une femme, ou tellement décrépits que, chez eux, l'éjaculation ne puisse plus se manifester. Il en est de même de ceux auxquels manquent les deux testicules ou qui, par accident, ont eu les testicules broyés, parce qu'ils ne peuvent produire la semence prolifique.

On constate plusieurs espèces d'impuissance :

L'impuissance naturelle est celle qui provient d'une cause naturelle et intrinsèque ; chez l'homme, par exemple, une froideur invincible qui s'oppose à une érection suffisante, une trop grande surexcitation qui occasionne l'écoulement de la semence avant que l'acte charnel ait pu s'accomplir, ou bien l'absence de la verge ou des testicules ; chez la femme, le rétrécissement des parties génitales, qui s'oppose à l'introduction du membre viril, ce qui se rencontre chez beaucoup de femmes.

L'impuissance absolue est celle qui rend une personne impuissante à l'égard de toute autre ; c'est le cas d'un homme privé de ses deux testicules ou qui est d'un tempérament absolument froid.

L'impuissance relative diffère de l'impuissance absolue en ce qu'elle se rapporte à telle ou telle personne et non à la généralité ; une femme, par exemple, peut avoir le vagin trop étroit pour le membre viril de son mari et non pour celui d'un autre homme ; enfin, un homme peut se trouver sous l'influence d'un maléfice ou éprouver de la froideur pour une jeune fille et non pour une autre.

L'impuissance perpétuelle est celle dont on ne guérit pas avec le temps, pour laquelle se trouvent sans effet les remèdes naturels et licites.

······· ··········· ···

On demande : Si un homme et une femme, bien instruits de leur commune impuissance ou de celle de l'un d'eux, peuvent contracter mariage avec l'intention de se prêter un mutuel secours et de rester toujours dans la chasteté.

Réponse : *Sanchez, l. 7. disp. 97, n° 13*, et beaucoup d'autres théologiens qu'il cite affirment que le mariage est licite dans ce cas, et ils appuient leur opinion des preuves suivantes : ceux qui ont contracté mariage, quoique atteints d'une pareille infirmité, peuvent habiter ensemble comme frère et sœur, en évitant le danger de tomber dans le péché ; si donc ils pensent raisonnablement que ce danger n'est pas à craindre, ils peuvent s'épouser en vue de s'aider mutuellement, malgré la connaissance qu'ils ont de leur impuissance. C'est ainsi que la bienheureuse Vierge et S. Joseph contractèrent un vrai mariage avec l'intention formelle de se conserver chastes et de ne pas user du coït.

On demande : Ce que doit faire une femme qui sait positivement que son mari est impuissant et qui a un enfant des œuvres d'un autre homme, lorsque son mari, qui se croit le père de cet enfant, veut user de ses droits conjugaux.

Réponse : Il faut d'abord s'assurer si la femme ne considère pas comme certaine une impuissance qui est tout au plus douteuse ; mais en supposant que l'impuissance soit certaine, elle ne doit autoriser aucune licence, devrait-elle s'exposer à de grands désagréments en repoussant son mari, car elle ferait des actes intrinsèquement mauvais ; dans cette fâcheuse hypothèse, elle doit s'y prendre de son mieux pour persuader à son mari qu'il doit, dorénavant, vivre dans la continence sous prétexte, par exemple, qu'il est vieux ou qu'un seul enfant suffit à leur bonheur, et en affirmant qu'elle a en horreur l'acte conjugal, etc. Si un jour le mari vient à partager cette manière de voir, elle pourra lui parler en ces termes : *Afin de ne pas succomber à la tentation et pour ne pas être détournés de notre résolution, faisons ensemble vœu de continence perpétuelle*. Si le mari consent à faire ce vœu, la femme pourra se considérer comme étant à l'abri de nouvelles sollicitations ; elle pourra repousser ses caresses, s'il voulait encore user des licences conjugales, et cela sans donner lieu à aucun soupçon de sa part ; elle donnera pour prétexte à ses refus leur double vœu. La femme ne doit pas oublier qu'elle est tenue de réparer le préjudice qu'elle a causé à son mari ou à ses héritiers, en introduisant un bâtard dans la famille, ainsi que nous l'avons dit dans le traité de la restitution.

On demande : quelle est la conduite à tenir lorsqu'on ne sait pas d'une manière positive si l'impuissance est temporaire ou si elle est perpétuelle.

Réponse : Il s'agit de l'impuissance naturelle et intrinsèque ou bien de l'impuissance par maléfices. Dans le premier cas, à moins qu'il ne s'agisse d'un défaut de conformation ou de l'absence d'une partie essentielle des organes de la génération, il appartient uniquement aux médecins de se prononcer sur la nature et la durée de cette impuissance, dont les signes principaux sont chez l'homme :

1º La difformité des parties génitales, de la verge, par exemple son volume trop grand ou trop petit ;

2º Une insensibilité absolue mettant empêchement à l'écoulement de la semence prolifique ;

3º Une aversion naturelle pour tout commerce charnel et pour tout acte vénérien ;

4º Une mauvaise conformation des testicules.

Cette impuissance se reconnaît chez la femme :

1º Lorsque l'utérus ou vagin est trop étroit ou complètement fermé ;

2º Lorsqu'il est mal placé ou que la matrice se trouve dans une position anormale.

Les canonistes, et surtout les évêques, ont à se prononcer sur l'impuissance qui provient des maléfices et qu'on reconnaît à certains indices :

1º Lorsque la femme, qui d'ailleurs aime son mari, ne peut supporter son approche croyant qu'il ne pourra pas se livrer avec elle à l'acte conjugal ;

2º Lorsque deux époux, au moment de se livrer au coït, sont subitement pris d'une haine violente l'un pour l'autre, quoiqu'ils s'aiment d'ailleurs ;

3º Lorsqu'un mari, qui n'est pas impuissant avec les autres femmes, ne peut accomplir le coït avec la sienne, quoiqu'elle n'ait pas le vagin trop étroit et qu'elle n'oppose pas de résistance à l'accomplissement de l'acte conjugal.

Quoi qu'en disent certaines personnes dont *l'opinion* — suivant St Thomas, *Suppl., q. 58, art. 2 — a sa source dans l'infidélité ou l'incrédulité*, il est certain que l'impuissance peut provenir d'un maléfice. C'est ce que supposent de nombreux conciles et presque tous les rituels, et c'est ce que reconnaissent tous les théologiens.

········ ··········· ···

On demande : Quelles sont les précautions dont le confesseur doit user à l'égard des époux et quels sont les conseils qu'il doit leur donner.

Il doit examiner avec une extrême attention si l'impuissance, qu'on attribue à une cause naturelle, ne provient pas d'un excès de passion ou d'autres causes dont on peut prévenir les effets ; car alors il faudrait employer des remèdes naturels pour combattre l'impuissance ; les médecins indiquent et prescrivent certains remèdes pour cet objet. Il existe plusieurs causes naturelles qui éloignent l'homme du coït et qu'on peut faire disparaître avec ou sans le secours des médecins, par exemple la difformité de la femme, son haleine puante, la négligence dans ses vêtements et sa toilette, le dégoût qu'elle inspire à son mari, le mépris dont elle est l'objet, etc. En effet, la beauté et les autres qualités qui rendent une femme aimable sont des excitants très puissants pour l'accomplissement de l'acte conjugal. Dans ce cas, un confesseur prudent doit surtout leur conseiller d'agir, avec bonne foi et des intentions pures, sans passions désordonnées, sans haine, sans tiédeur, en écartant tout sentiment d'inimitié ou de dégoût ; il doit les engager à se prêter aux positions les plus propices pour accomplir l'acte charnel ; il doit conseiller à la femme de prendre plus de soin de sa toilette, de se montrer aimable pour son mari, de chercher à exciter ses sens par des caresses et par des parures licites, enfin de s'ingénier à trouver les moyens, suivant les paroles de l'apôtre lui-même, *de plaire à son mari.*

On demande : Si une femme, qui est impuissante parce qu'elle a le vagin trop étroit, est tenue de consentir à ce qu'on fasse une incision à la matrice lorsque les médecins déclarent que cette opération la mettra en état d'accomplir l'acte conjugal.

Tous les théologiens déclarent que la femme n'est pas obligée de se soumettre à cette opération, lorsqu'il doit en résulter un gros danger pour sa vie.

....

On demande : Si le mariage est valide lorsque la femme, affligée d'un rétrécissement, a été, par son commerce avec un autre homme, rendue capable de se livrer à l'acte conjugal.

Réponse : L'opinion la plus ordinaire est que le mariage est valide, car on doit juger alors que l'impuissance n'était pas permanente ; cependant, si la femme avait le vagin tellement étroit à l'égard de son mari que ce dernier n'eût jamais pu la connaître en usant des moyens naturels et licites, l'impuissance devrait, dans ce cas, être considérée comme respectivement permanente ; dans cette hypothèse, le mariage serait nul : or, il est évident que la femme ne doit pas faire disparaître ce cas de nullité, par son commerce avec un autre homme ; mais les époux peuvent contracter, devant l'Église, un nouveau mariage d'un consentement mutuel, après que la femme a été rendue capable de se livrer à l'acte conjugal avec son mari, à la suite de fornications avec un autre homme.

On demande : Si on peut abandonner à leur bonne foi des époux atteints d'une impuissance permanente, qui ignorent la nullité de leur mariage et qui, après trois ans passés, essaient encore et sans succès, d'accomplir l'acte conjugal.

S'il était établi qu'ils sont dans la bonne foi et qu'un avertissement resterait sans effet, il serait peut-être convenable de les laisser dans l'ignorance ; car dans ce cas on tolérerait un moindre mal, c'est-à-dire un péché matériel pour en éviter un plus grand, c'est-à-dire un péché formel. Il paraît peu probable que deux époux croient toujours de bonne foi qu'il leur est permis de tenter un acte qu'ils n'accomplissent jamais et qu'ils ne peuvent pas accomplir. Mais il peut arriver que l'ignorance dans laquelle ils sont à cet égard devienne une excuse, sinon de tout péché, du moins du péché mortel. C'est pourquoi nous pensons qu'on doit les avertir et les détourner du péché ; mais il est ordinairement plus prudent de leur laisser ignorer la gravité du péché.

....

SECONDE QUESTION
DU DEVOIR CONJUGAL

Nous divisons cette seconde question en trois chapitres : Le premier traitera du devoir conjugal demandé et rendu ;

Le deuxième, de l'usage du mariage ;

Le troisième, de la conduite des confesseurs à l'égard des personnes mariées.

CHAPITRE PREMIER
DU DEVOIR CONJUGAL DEMANDÉ ET RENDU

Nous diviserons le présent chapitre en trois articles :

Dans le premier nous traiterons de l'acte conjugal considéré en soi ;

Dans le second, du devoir conjugal demandé ;

Et dans le troisième, du devoir conjugal rendu.

ARTICLE PREMIER
DE L'ACTE CONJUGAL CONSIDÉRÉ EN SOI

Nous avons prouvé, dans le traité du mariage, contre plusieurs hérétiques, que le mariage considéré en soi était bon et honnête.

Donc, si on rencontre quelque difficulté dans la matière, c'est au sujet du coït pratiqué uniquement par passion ou pour prévenir l'incontinence.

§ I
DU COIT PRATIQUÉ UNIQUEMENT PAR PASSION

C'est un péché de se livrer à l'acte conjugal dans le seul but de se procurer du plaisir, mais le péché est seulement véniel. La preuve que le coït entre époux constitue un péché résulte : 1º De l'autorité d'Innocent XI, qui condamna, en 1679, la proposition suivante, qui avait pour objet de le déclarer licite : *L'acte conjugal pratiqué pour le seul plaisir qu'il procure est exempt de tout péché, même véniel.*

§ II
DE L'ACTE CONJUGAL PRATIQUÉ DANS LE BUT DE PRÉVENIR L'INCONTINENCE

On demande : Si c'est un péché de demander le devoir conjugal dans le seul but de prévenir l'incontinence et quelle espèce de péché a été commis. Les théologiens sont divisés : beaucoup d'entre eux, prétendent qu'il n'y a pas de péché dans le coït entre époux.

Mais beaucoup d'autres prétendent que c'est un péché véniel de se livrer à l'acte conjugal pour éviter l'incontinence.

········· ··········· ···

On demande : S'il est permis d'user du mariage par motif de santé.

Réponse : Il est certain qu'il n'est permis ni de contracter mariage ni d'en user uniquement dans le but de conserver ou de recouvrer la santé ; car une semblable fin est étrangère au mariage : on commettrait donc un péché véniel en pratiquant l'acte conjugal pour cette raison-là, car il serait dépourvu d'un but légitime. C'est l'opinion de *S. Thomas, Suppl., q. 94, art. 5, sur la 4e*, et celle des théologiens en général. Mais il n'y a pas de péché à contracter mariage et à user de l'acte conjugal en se proposant le soulagement de la nature et la conservation de la santé.

········· ··········· ···

ARTICLE DEUXIÈME
DE LA DEMANDE DU DEVOIR

Les époux ne sont pas tenus de demander le devoir conjugal pour eux-mêmes ; car personne n'est tenu d'user de son droit. Ils y sont cependant quelquefois tenus d'une manière accidentelle, savoir :

1º Lorsqu'il est nécessaire d'avoir des enfants pour prévenir de graves préjudices que pourraient en éprouver la religion ou la république ; c'est de toute évidence.

2º Si l'un des époux, l'épouse principalement, fait connaître à certains signes le désir d'user du remède que la pudeur l'empêche de demander, l'autre époux doit prévenir le désir, et c'est plutôt, dans ce cas, rendre le devoir implicitement demandé que le demander réellement.

Mais il existe des cas nombreux dans lesquels il n'est pas permis de demander le devoir, sous peine de péché mortel ou véniel : nous allons traiter cette matière dans un double paragraphe.

§ I
DE CEUX QUI PÈCHENT MORTELLEMENT EN EXIGEANT LE DEVOIR CONJUGAL

L'époux pèche mortellement en exigeant le devoir conjugal dans les cas suivants :

1° S'il a fait vœu de chasteté avant ou après le mariage : car il est tenu, par la force même de son vœu, de s'abstenir de tout acte vénérien qui ne lui est pas commandé par un juste motif. C'est ainsi établi par les *Décrétales, l. 3, tit. 32, c. 12*. Mais il est tenu de rendre le devoir lorsque son conjoint le demande ; en effet, ou il a fait son vœu après avoir contracté mariage et alors il n'a pu aliéner les droits de son conjoint ; ou le vœu est antérieur au mariage, et il a commis un grave péché en se mariant, mais il n'a pas moins donné à son conjoint ce qu'il avait promis à Dieu, et l'époux qui n'avait pas connaissance de ce vœu a acquis ses droits conjugaux ; il peut donc user de ses droits sans que l'autre époux puisse opposer des refus. C'est l'opinion de tous les théologiens.

....

2° L'époux qui aurait un commerce charnel, naturel et complet avec une personne parente de son conjoint, par consanguinité, au premier ou au second degré, perdrait le droit de demander le devoir conjugal et commettrait un péché mortel en l'exigeant ; car il aurait établi l'affinité entre lui et son conjoint ; on appelle cette affinité empêchement survenant à un mariage contracté d'une manière valide.

....

Celui qui sait d'une manière certaine que son mariage est nul, pour cause d'un empêchement d'affinité provenant d'un commerce illicite, par exemple, ne peut demander ni rendre le devoir conjugal sous quelque prétexte que ce soit, car il commettrait positivement un péché de fornication : la raison l'indique clairement, et les *Décrétales, l. 5, tit. 39, chap. 44*, sont très explicites sur ce point.

Mais s'il a contracté mariage en doutant de sa validité, ou si, l'ayant contracté, il doute de cette même validité, il doit rejeter ces doutes comme des scrupules, et il peut demander le devoir conjugal, s'il vient à s'apercevoir que ces doutes ne sont fondés sur aucune raison.

....

§ II
DE CEUX QUI PÈCHENT VÉNIELLEMENT EN EXIGEANT LE DEVOIR CONJUGAL

1. Quelques théologiens, dont *saint Liguori, l. 6, nº 915*, cite l'autorité, prétendent, après *saint Thomas*, que c'est un péché mortel de pratiquer le coït avec sa femme pendant le temps des menstrues, c'est-à-dire de l'écoulement du sang qui se produit ordinairement chaque mois chez les femmes capables de devenir enceintes, à cause du préjudice causé à l'espèce, et de la défense divine portée dans le Lévitique, 20, 18 ; mais d'autres enseignent plus ordinairement que c'est bien là un péché à cause de l'indécence qui en résulte ; ils accordent qu'il n'est que véniel, car le coït pratiqué à l'époque des menstrues ne nuit nullement ou du moins nuit bien peu à la propagation de l'espèce.

....

C'est pour cela que si l'écoulement, qui ne dure pas ordinairement au delà de deux ou trois jours, était de trop longue durée et presque continuel, comme cela arrive quelquefois, le mari pourrait, sans pécher, demander le devoir conjugal, car il serait très désagréable pour lui de toujours s'abstenir du coït.

Selon l'opinion générale, la femme qui rend le devoir conjugal pendant le temps du flux ordinaire ne commet pas de péché ; bien plus, elle est tenue de le rendre si son mari n'adhère pas à des observations faites avec douceur, à moins qu'il ne dût en résulter un grave préjudice pour sa santé, comme cela arrive d'ordinaire lorsque le flux est abondant.

Ce qui vient d'être dit du temps des menstrues s'applique également au temps de la grossesse et du flux de l'enfantement. Voy. *saint Liguori, l. 6.*

2. Ce n'est pas un péché mortel de demander le devoir conjugal pendant le temps de la grossesse, pourvu qu'il n'y ait pas danger d'avortement ; c'est l'opinion très ordinaire des théologiens, et c'est la conséquence de ce que nous avons dit au sujet de la demande du devoir ayant pour but d'éviter l'incontinence. Comme le fœtus humain se trouve tellement enveloppé dans la matrice que la semence de l'homme ne peut le toucher, on ne peut pas facilement présumer le danger d'avortement, et on ne doit pas tracasser les pénitents sur ce point par des interrogations importunes.

....

3. Saint Charles conseille aux personnes mariées de s'abstenir, d'un consentement mutuel, de l'acte conjugal les jours de fêtes solennelles, les jours de dimanche, les jours de jeûne et les jours où ils ont reçu ou doivent recevoir la sainte Eucharistie : c'est conforme aux statuts de plusieurs rituels et, en particulier, de celui du Mans, p. 140. Plusieurs théologiens, cités par

Sanchez et *saint Liguori*, pensent que la demande de devoir pendant les jours dont nous venons de parler, et principalement celui où on doit recevoir la sainte Eucharistie, n'est pas exempte de péché mortel, à moins qu'elle ne soit excusée par des motifs raisonnables comme une tentation grave ; car le plaisir charnel distrait notablement l'âme des choses spirituelles dont on doit s'occuper dans ces jours-là.

······· ·········· ···

Tous les théologiens disent avec saint François de Sales, — *Introduction à la vie dévote, 2ᵉ partie, chap. 20*, — que la femme qui, le jour où elle a reçu ou doit recevoir la sainte Eucharistie, rend le devoir que demande son mari, ne commet pas de péché ; bien plus, qu'elle est tenue de le rendre si son époux ne veut pas céder à ses prières.

A cette occasion, les théologiens se demandent si celui qui a éprouvé la pollution pendant le sommeil peut recevoir la sainte Eucharistie. Ils répondent avec saint Grégoire le Grand, dans sa lettre au sublime Augustin, apôtre de la Grande-Bretagne, rapportée dans le Décret, *part. 1ʳᵉ, dist. 6, chap. 1*, en faisant la distinction suivante : Ou cette pollution provient d'un excès de force ou de la faiblesse, et, dans ce cas, il n'y a pas le moindre péché ; ou bien elle provient de certains excès dans l'usage des aliments, et c'est alors un péché véniel ; elle peut encore être le résultat des pensées qui l'ont précédée, et elle peut, dans ce cas, constituer un péché mortel. Dans le premier cas, on ne doit éprouver aucun scrupule ; dans le second, elle n'empêche pas de recevoir le sacrement ou de célébrer les saints mystères si on y est engagé par quelque motif d'excuse, comme la circonstance d'un jour de fête ou de dimanche ; mais dans la troisième, nous dit saint Augustin, *on doit s'abstenir de participer ce jour-là au saint mystère à cause d'une telle pollution.*

ARTICLE TROISIÈME
DE L'OBLIGATION DE RENDRE LE DEVOIR CONJUGAL

Nous avons à parler :

1º De l'obligation de rendre le devoir conjugal ;

2º Des raisons qui dispensent de le rendre ;

3º De ceux qui pèchent mortellement en le rendant ;

4º De ceux qui commettent le péché d'Onan ;

5º De ceux qui pèchent véniellement en rendant le devoir.

§ I
DE L'OBLIGATION DE RENDRE LE DEVOIR CONJUGAL

L'Écriture sainte et la raison imposent à chacun des époux la stricte obligation de rendre le devoir conjugal à l'autre lorsque la demande lui en est faite d'une manière *expresse ou tacite* :

....

D'où il résulte : 1° que c'est un péché mortel de refuser, même une fois, sans motif légitime, de rendre le devoir à l'époux qui le demande avec raison et instance ; mais si celui qui le demande acceptait facilement les motifs de refus et qu'il n'en résultât point de danger d'incontinence, il n'y aurait nul péché, ou, du moins, le péché ne serait pas mortel, à refuser une fois et même deux fois de se prêter aux désirs de son conjoint.

2° L'un des époux ne peut pas, lorsque l'autre s'y oppose, faire une longue absence à moins d'absolue nécessité ; car une pareille absence équivaudrait au refus de rendre le devoir conjugal et la justice en serait gravement blessée.

§ II
DES RAISONS QUI DISPENSENT DE RENDRE LE DEVOIR CONJUGAL

De même qu'un motif légitime dispense quelquefois de la restitution, une raison légitime dispense aussi de rendre le devoir conjugal. On compte plusieurs de ces raisons, savoir :

1. Si l'époux qui demande le devoir n'est pas en possession de lui-même : si, par exemple, il est dans la démence ou s'il est ivre, il n'y a pas d'obligation pour le conjoint de lui rendre le devoir, car ce serait céder à la demande d'une brute. Cependant, si l'homme qui demande, étant dans cet état, est capable de consommer l'acte conjugal, la femme doit se rendre à ses désirs ; bien plus, elle est tenue de le faire si elle a des raisons de craindre qu'ayant repoussé son mari, celui-ci ne tombe dans l'incontinence ou ne se livre à d'autres femmes.

....

2. Celui qui ne peut rendre le devoir conjugal sans grave danger pour sa santé en est dispensé ; car il est préférable d'exister et d'être bien portant que de rendre le devoir. Il faut en dire de même lorsqu'il y a grave danger de nuire à la propagation de l'espèce.

Par conséquent : 1° il n'y a pas d'obligation de rendre le devoir à un mari atteint d'une maladie contagieuse, comme une maladie vénérienne, la peste, la lèpre, etc. Cependant, Alexandre III dit qu'il faut rendre le devoir à un lépreux, mais *Sanchez, l. 9, disp. 24, n° 17, saint Liguori, l. 6, n° 930,* et beaucoup d'autres qu'ils citent, enseignent que cela s'entend ainsi pour le cas où, en rendant le devoir, on ne se mettrait pas dans le danger de contracter la lèpre ;

car il répugne d'admettre qu'un époux soit tenu de s'exposer à un pareil danger.

········ ·········· ···

3. L'époux n'est pas tenu de rendre le devoir à celui qui a perdu le droit de le demander en commettant un adultère ; car on ne doit plus fidélité à celui qui a violé ses promesses : mais s'il était lui-même coupable d'adultère, il ne pourrait pas refuser le devoir, car les injures se trouveraient compensées.

········ ·········· ···

4. On n'est pas tenu de rendre le devoir conjugal à celui qui le demande trop fréquemment, plusieurs fois dans la même nuit, par exemple ; car l'abus est contraire à la raison et peut modifier d'une manière fâcheuse l'état de santé de l'un et de l'autre conjoint. La femme doit cependant, autant que la chose est en son pouvoir, dit *Sanchez, l. 9, disp. 2, n° 12*, se prêter aux désirs libidineux de son mari, lorsqu'il éprouve de violents aiguillons de la chair.

········ ·········· ···

5. La femme n'est pas tenue de rendre le devoir conjugal pendant le flux de ses menstrues ou celui qui accompagne ses couches, à moins qu'elle n'ait quelque motif de craindre que son mari tombe dans l'incontinence ; si cependant elle ne peut, par ses prières, le détourner de l'acte conjugal, elle doit rendre le devoir, car il y a toujours à craindre le danger d'incontinence, les disputes ou autres désagréments. C'est l'opinion de *saint Bonaventure* et de beaucoup d'autres que cite *Sanchez, l. 9, disp. 21, n° 16*.

········ ·········· ···

6. Il n'est pas permis de refuser le devoir conjugal dans la crainte d'avoir un trop grand nombre d'enfants. Cependant, pour le cas où les parents n'auraient pas les moyens de nourrir selon leur condition une famille trop nombreuse, *Sanchez, l. 19, disp. 25, n° 3*, et plusieurs autres théologiens pensent qu'il serait permis de refuser le devoir, pourvu qu'il n'y eût pas danger d'incontinence.

§ III
DE CEUX QUI PÈCHENT MORTELLEMENT EN RENDANT LE DEVOIR CONJUGAL

I. Si l'époux qui réclame de son conjoint le devoir commettait un péché mortel en le demandant au milieu de circonstances extraordinaires tenant à l'acte lui-même, par exemple, en le demandant dans un lieu public ou sacré, ou avec grave danger d'avortement, ou au détriment de sa propre santé ou de celle de son époux, ou au risque évident de répandre la semence hors du vase naturel, alors qu'il aurait pu pratiquer le coït d'une autre manière, il est certain que celui qui rendrait le devoir dans ces circonstances pécherait aussi mortellement ; car il participerait à ce crime et en revêtirait la malice.

II. Si l'homme était tellement décrépit ou débile qu'il ne pût pas accomplir l'acte charnel et qu'il n'eût pas espoir de l'accomplir, il pécherait mortellement en exigeant le devoir conjugal, car il ferait un acte contraire à la nature, et, par la même raison, la femme pécherait mortellement en le demandant. Mais si l'homme accomplissait de temps en temps l'acte charnel, quoiqu'il lui arrivât souvent de ne pas pouvoir l'accomplir, la femme pourrait rendre le devoir et même serait tenue de le rendre, car dans le doute d'un bon résultat le mari ne pourrait pas se priver de son droit : le mari lui-même, dans ce cas, fait un acte licite en demandant le devoir lorsqu'il a quelque raison d'espérer qu'il arrivera à consommer l'acte charnel ; et s'il répand la semence hors du vase naturel, cet accident ne peut pas lui être imputé à péché. Mais il doit certainement s'abstenir lorsqu'il n'y a pas espoir d'arriver à l'accomplissement de cet acte, l'éjaculation. Voy. *Sanchez, l. 19, disp. 17, n° 24, S. Liguori, l. 6, n° 954, d. 2*, et beaucoup d'autres théologiens dont ils rapportent l'autorité.

....

§ IV
DE CEUX QUI COMMETTENT LE PÉCHÉ D'ONAN

Ce péché a lieu lorsque l'homme retire son membre après l'avoir fait pénétrer dans le vagin afin de répandre sa semence hors du vase naturel de la femme et dans le but d'empêcher la génération. Il tire son nom d'*Onan*, second fils du patriarche Judas, qui fut forcé d'épouser Thamar, veuve de son frère Her, mort sans postérité, afin de perpétuer la race de son frère : *Onan sachant que les enfants qui naîtraient de la femme de son frère ne seraient pas considérés comme étant les siens, répandait la semence par terre pour ne pas donner naissance à des enfants qui porteraient le nom de son frère.* (*Gen.* 38, 9.)

....

Il est certain : 1° que l'homme qui agit ainsi, quelle que soit la raison de sa conduite, pèche mortellement, à moins que sa bonne foi ne l'excuse ; il ne peut être absous à moins qu'il ne se repente de sa faute et qu'il ne prenne la ferme résolution de ne plus tomber dans le péché : car il est évident qu'il a commis une énormité contre le but du mariage ; *c'est pourquoi Dieu l'a frappé (Onan), parce qu'il avait commis une action détestable.*

Il est certain : 2° par la même raison, que la femme qui engage le mari à agir ainsi ou qui consent à cette action détestable, ou, à plus forte raison, qui fait sortir de son vagin le membre viril contre le gré de son mari, avant que l'écoulement de la semence ait eu lieu, commet un péché mortel et est tout à fait indigne de l'absolution. Les femmes, très souvent, en accomplissant l'acte charnel, au moment de l'éjaculation, font sortir le membre viril du vagin, ou se prêtent complaisamment à la même manœuvre de la part de l'homme, pour éviter d'être engrossées.

Il est certain : 3° que la femme, ordinairement du moins, est tenue d'avertir son mari, et de le détourner, selon son pouvoir, de cette action perverse ; la charité l'y oblige.

Il est certain : 4° que la femme peut et doit rendre le devoir conjugal si, averti par elle, le mari promet de compléter l'acte par l'éjaculation dans la matrice, et s'il est fidèle à sa promesse au moins quelques fois ; car sur le doute de l'abus qu'il peut faire de son droit, elle ne peut pas se refuser au coït ; mais c'est aussi son devoir de réprimander son mari quand celui-ci retire le membre viril du vagin avant l'éjaculation ; si elle ne protestait pas contre cette action, elle commettrait un péché mortel.

La difficulté consiste donc maintenant à décider si, en sûreté de conscience, elle peut rendre le devoir conjugal lorsqu'elle sait, d'une manière certaine, que son mari retirera son membre du vagin avant l'éjaculation, lorsqu'elle ne peut douter que ses prières ni ses avertissements ne parviendront pas à le détourner de sa résolution.

Beaucoup de théologiens prétendent que, dans ce cas, la femme doit se refuser à rendre le devoir, même pour éviter la mort dont elle serait menacée :

1° Parce que le mari, en retirant son membre du vagin, commet une action essentiellement mauvaise, et que la femme participerait à sa malice en se rendant à sa demande ;

2° Parce que l'homme, dans l'hypothèse, ne demande pas l'acte conjugal, mais réclame de sa femme ses complaisances pour introduire le membre viril dans les parties sexuelles et pour s'exciter à la pollution ;

3° Parce que si le mari exigeait de sa femme sa participation à un acte sodomique, celle-ci ne pourrait y consentir pour aucun motif, même pour éviter la mort : or, dans le cas supposé, la demande du mari se réduit à l'acte sodomique, puisque le parfait accomplissement de l'acte conjugal en est exclu. Voy. *Habert, t. 7, p. 745, Collator*, de Paris, *t. 4, p. 348*, plusieurs docteurs de la Sorbonne cités par *Collet, t. 16, p. 244* ; *Collator Andeg., sur les États, t. 3*, dernière partie ; *Bailly, etc.*

Beaucoup d'autres enseignent que la femme qui acquiesce à la demande de son mari, et qui se prête à l'acte conjugal dans la position ordinaire, est exempte de tout péché, si elle désapprouve entièrement la conduite de son mari, car elle fait une chose licite et use d'un droit qui lui appartient.

....

La femme ne pèche pas, dans ces circonstances, en rendant le devoir conjugal, pourvu qu'elle soit excusée par de graves raisons ; or les raisons sont réputées graves :

1º Lorsqu'elle doit craindre la mort, des coups ou des injures grossières ; la réponse de la sacrée congrégation de la Pénitence, et la raison indiquant clairement qu'il doit en être ainsi.

2º Lorsque la femme a lieu de craindre que son mari n'introduise une concubine sous le toit conjugal et ne vive maritalement avec elle ; car il n'y a pas de femme sensée qui ne préfère supporter toute espèce de sévices plutôt que d'assister, dans sa propre maison, à un commerce aussi injurieux pour elle.

3º Le mari n'entretiendrait-il pas une concubine sous le toit conjugal, s'il était à craindre qu'il n'entretînt ailleurs des relations avec une femme, ou qu'il ne fréquentât des courtisanes, il nous paraît que l'épouse aurait des motifs d'excuse légitime, quoique la sacrée congrégation de la Pénitence n'ait pas répondu sur ce point ; car une pareille conduite de la part du mari occasionnerait à celle-ci de graves désagréments, tels que disputes, dissensions, dissipation du bien commun, scandales, etc.

4º Il faut remarquer, cependant, que la gravité de ces désagréments doit être appréciée selon les circonstances de personnes.

Ce qui est réputé léger à l'égard d'une femme peut être très grave à l'égard d'une autre ; ainsi les rixes passagères, les dissensions, et même les coups, ont peu d'importance dans les familles de paysans ; mais cette nature de sévices serait intolérable pour une femme timide, ayant une certaine éducation et habituée aux bonnes manières d'une société raffinée.

....

5º La femme peut également rendre le devoir conjugal quand elle sait, d'une manière certaine, que son mari, irrité par son refus, blasphémera contre Dieu et contre la religion, qu'il proférera des injures contre son confesseur et les prêtres en général, et qu'il prononcera des paroles scandaleuses devant ses domestiques et ses enfants ; car en voulant prévenir un péché elle serait cause qu'il en serait commis d'autres aussi graves ou même plus graves : elle n'aboutirait donc à aucun résultat favorable par sa résistance, et elle s'attirerait inutilement de graves désagréments.

6º La crainte du divorce, de la séparation, de la honte ou d'un scandale grave serait, à plus forte raison, suffisante pour se rendre aux désirs de son mari.

7º Il n'est pas nécessaire que la femme persiste dans son refus de se prêter au coït jusqu'à ce qu'elle ait éprouvé les violences, les injures et les autres désagréments dont nous avons parlé plus haut ; car il lui arriverait souvent, dans ce cas, de ne pas parvenir à détourner le mal déjà fait, en rendant ou offrant le devoir conjugal, et, d'ailleurs, elle n'est pas tenue de subir ces mauvais traitements pour empêcher son mari de commettre un péché : il suffit donc que ses craintes de mauvais traitements ne soient pas dépourvues de fondement.

8° La femme n'est pas davantage tenue d'avertir son mari chaque fois qu'il demande le devoir conjugal avec l'intention de retirer son membre du vagin avant l'accomplissement de l'acte charnel, lorsqu'elle sait par expérience qu'elle n'obtiendra aucune satisfaction. Elle doit cependant, du moins quelquefois, montrer qu'elle ne donne pas son consentement au crime de son mari. Elle doit, surtout, prendre soigneusement garde de ne pas y donner un consentement tacite, par crainte d'avoir des enfants, ou pour tout autre motif. Elle doit être dans la disposition de mourir plutôt que de s'opposer à la génération lorsque c'est de sa volonté que dépend le fait de l'éjaculation.

Dans tous ces cas, il est permis à la femme tout ce qui lui serait permis si le mari accomplissait l'acte conjugal selon les règles.

Nos principes exposés plus haut sont maintenant admis d'une manière générale. Néanmoins il y a encore beaucoup de questions inquiétantes que nous avons exposées au souverain pontife, dans l'année qui vient de s'écouler, de la manière suivante :

BIENHEUREUX PÈRE,

L'évêque du Mans, se prosternant aux pieds de Votre Sainteté, vous expose humblement ce qui suit :

On ne trouve presque pas de jeunes époux qui veuillent avoir une trop nombreuse famille, et ils ne peuvent cependant pas, raisonnablement, s'abstenir de l'acte conjugal.

Ils se sentent ordinairement très offensés lorsque leurs confesseurs les interrogent sur la manière dont ils usent des droits matrimoniaux ; on n'obtient pas, par les avertissements, qu'ils se modèrent dans l'exercice de l'acte conjugal, et ils ne peuvent se déterminer à trop augmenter le nombre de leurs enfants.

Aux murmures de leurs confesseurs, ils opposent l'abandon des sacrements de pénitence et de l'Eucharistie, donnant ainsi de mauvais exemples à leurs enfants, à leurs domestiques et aux autres chrétiens ; la religion en éprouve un préjudice considérable.

Le nombre des personnes qui s'approchent du tribunal diminue d'année en année, dans beaucoup d'endroits, et c'est surtout pour cette raison-

là, de l'aveu d'un grand nombre de curés qui se distinguent par leur piété, leur science et leur expérience.

Quelle était donc la conduite des confesseurs d'autrefois ? disent beaucoup de personnes. Chaque mariage ne produisait pas, généralement, un plus grand nombre d'enfants qu'il n'en produit aujourd'hui. Les époux n'étaient pas plus chastes et néanmoins ils ne manquaient pas au précepte de la confession pascale.

Tout le monde reconnaît que l'infidélité d'un époux entraîne de très graves péchés. Or, c'est à peine si on peut persuader à quelques personnes qu'elles sont tenues, sous peine de péché mortel, de rester parfaitement chastes dans le mariage, ou de courir le risque d'engendrer un grand nombre d'enfants.

Le susdit évêque du Mans, prévoyant les grands maux qui peuvent résulter d'une semblable manière d'agir, sollicite, dans sa douleur, de votre Béatitude, une réponse aux questions suivantes :

1° Les époux qui usent du mariage de manière à empêcher la conception commettent-ils un acte en soi mortel ?

2° Cet acte étant considéré comme mortel en soi, peut-on considérer les époux qui ne s'en accusent pas comme étant dans une bonne foi qui les excuse d'une grave faute ?

3° Doit-on approuver la conduite des confesseurs qui, pour ne pas blesser les personnes mariées, s'abstiennent de les interroger sur la manière dont ils usent du mariage ?

RÉPONSE

La sacrée congrégation de la Pénitence, après avoir mûrement examiné les questions qui lui sont posées, répond à la première :

Lorsque tout ce qu'il y a de contraire aux règles, dans l'acte conjugal, provient de la malice du mari qui, au lieu de consommer cet acte, retire son membre du vagin et répand sa semence hors du vase naturel, la femme peut, si après les avertissements qu'elle est tenue de donner et qui demeurent sans résultat, son mari insiste en la menaçant de coups et de la mort, se prêter passivement à ses désirs et sans pécher (comme l'enseignent les théologiens dont les décisions font autorité), à la condition que, dans ces circonstances, elle permettra simplement le péché de son mari, et cela par un grave motif d'excuse, car la charité qui lui commande de s'opposer à la conduite de son mari, n'oblige pas lorsqu'il doit en résulter de semblables inconvénients.

La sacrée congrégation répond à la 2me et à la 3me question : que le susdit confesseur se rappelle cet adage : — On doit traiter saintement les choses saintes ; — qu'il pèse bien ce que dit saint Alphonse de Liguori, cet homme savant et très expert dans la matière, dans sa pratique des confesseurs, § 4, n° 7 :

Le confesseur n'est pas tenu, ordinairement, de parler des péchés que les époux commettent relativement au devoir conjugal, et il n'est pas convenable de poser des questions sur cette matière, si ce n'est à la femme, pour lui demander, le plus modérément possible, si elle a rendu le devoir... Il doit garder le silence sur tout le reste, à moins qu'on ne lui pose des questions ; — qu'il ne manque d'ailleurs pas de consulter les autres auteurs approuvés.

Donné à Rome, le 8 juin 1842.

······· ·········· ···

Deux questions nous embarrassaient encore, nous les avons soumises à la Sacrée-Pénitencerie.

On demande : 1° Pèchent-ils mortellement ceux qui coïtent à la manière d'Onan ou le membre viril enfermé dans un fourreau défendu, vulgairement appelé capote anglaise — (*qui coeunt onanastice vel condomistice, id est intendo nefario instrumento quod vulgo dicetur condom* 14° éd. p. 187.) ?

Réponse : C'est crime que de se servir d'un pareil fourreau ; le péché est mortel.

On demande : La femme sachant que son mari pour coïter recouvre toujours son membre viril d'une capote anglaise, doit-elle se prêter au coït ?

Réponse. — Non, elle se rendrait complice d'un crime abominable et commettrait un péché mortel.

(*Décisions* rendues par le pape et le collège des cardinaux, le *8 juin 1842* et le *25 mai 1851*.)

······· ·········· ···

L'épouse doit donc, par tous les moyens en son pouvoir, les caresses, toute espèce de marques d'amour, les prières et les exhortations, amener son mari à accomplir l'acte conjugal selon les règles, ou le décider à s'en abstenir complètement et à vivre d'une manière chrétienne ; l'expérience prouve que plusieurs femmes sont parvenues à vaincre la résistance de leurs maris en s'attachant ainsi à gagner leurs bonnes grâces.

On demande : 1° Si l'épouse peut demander le devoir à son mari lorsqu'elle sait qu'il en abusera.

Réponse. — Plusieurs théologiens affirment que la femme peut demander le devoir conjugal et ne fait qu'user de son droit. C'est l'opinion de *Pontius*, de *Tamburini*, de *Sporer*, etc. Mais d'autres, comme cela résulte de ce que nous avons dit, exigent une raison qui lui permette de demander le devoir d'une manière licite, car sans cela elle donnerait à son mari une occasion prochaine de péché ; mais c'est à peine si cette raison peut se présenter, alors qu'elle peut trouver d'autres moyens de surmonter les tentations. Mais étant posée une cause grave de fait, par exemple, la difficulté de surmonter la tentation, elle ne pécherait nullement ; car il est permis de demander, avec des intentions droites et pour de graves raisons, une chose bonne en soi à celui qui peut l'accorder.

....

On demande : 2° Si le mari peut répandre la semence hors du vase de la femme, lorsque les médecins ont déclaré que la femme ne peut pas enfanter sans un danger de mort évident ?

Nous répondons négativement avec tous les théologiens, parce que l'éjaculation hors des parties sexuelles de la femme est une action contre nature et détestable. Il faut accomplir l'acte si le danger de mort n'est pas très probable, ou il faut s'en abstenir complètement, si le danger est moralement certain. Dans ce cas, les époux n'ont pas d'autre moyen de salut que la continence. Leur condition est déplorable, mais on ne saurait la changer. Alors, ces malheureux époux doivent s'abstenir de coucher dans le même lit, afin de rester plus facilement dans la continence et de pouvoir vivre saintement.

....

§ V
DE CEUX QUI PÈCHENT VÉNIELLEMENT EN RENDANT LE DEVOIR

1° Lorsque celui des époux qui a demandé le devoir commet un péché véniel en se livrant à l'acte conjugal, par exemple, lorsqu'il l'a demandé en vue seulement du plaisir vénérien, il paraît y avoir certain péché à le rendre, pour le conjoint, lorsqu'il n'existe pas de motif d'excuse, car on fournit ainsi matière à péché véniel. Mais lorsque la demande est formelle, celui qui rend le devoir est suffisamment excusé ; car il doit craindre, en refusant, d'exciter des rixes, des haines, des scandales, et de donner naissance au danger de plus graves péchés.

....

On demande : 1° Si une femme qui n'a encore mis au monde que des enfants morts peut, néanmoins, demander ou rendre le devoir conjugal ?

Réponse : *Sanchez, l. 7 disp. 102 n° 8, S. Liguori, l. 6, n° 953*, et beaucoup d'autres disent que cette femme ne pèche ni en rendant ni en demandant le devoir, car : 1° elle fait une chose en soi licite et à laquelle elle a droit, tandis que la mort du fœtus est le résultat d'un accident et ne peut lui être imputée ; 2° il vaut mieux donner naissance à un être humain avec un péché originel que de le laisser dans le néant, comme Sanchez essaie de le démontrer dans ses savantes dissertations.

On demande : 2° Si la femme qui, de l'avis des médecins, ne peut pas accoucher sans un danger de mort évident, est tenue de rendre le devoir conjugal à son mari lorsqu'il le demande avec instance.

Réponse : Nous avons déjà prouvé que le mari, dans ce cas, ne peut demander le devoir pour quelque motif que ce soit ; la femme ne peut donc pas davantage le rendre, car elle ne peut disposer de sa vie. Mais le péché n'est mortel que si le danger est manifeste.

CHAPITRE II
DE L'USAGE DU MARIAGE

Nous examinerons dans ce chapitre :

1° Quand les époux tombent dans le péché en usant du mariage ;

2° Ce qu'il faut décider des attouchements voluptueux et réciproques.

ARTICLE PREMIER
QUAND LES ÉPOUX PÈCHENT EN USANT DU MARIAGE

1° Les époux commettent un péché mortel, non seulement lorsque leur union charnelle a lieu hors du *vase* naturel, ou que, par des moyens adroits, ils répandent la semence hors de ce vase, mais encore lorsqu'ils préludent à l'acte vénérien dans le vase qui ne lui est pas destiné, par exemple, en introduisant le membre viril dans l'anus de la femme, avec l'intention de terminer la jouissance dans la matrice ; car ils prennent ainsi un moyen qui s'écarte des voies naturelles, et comme cet acte tend, par lui-même, à faire répandre la semence hors du vagin, cette pratique n'est pas autre chose qu'une véritable sodomie. Voy. *Sanchez, l. 9, disp. 17, n° 4, S. Liguori, l. 6, n° 916*, et beaucoup d'autres dont ils rapportent les décisions.

2° D'après l'opinion générale, c'est un péché mortel, tant de demander que de rendre le devoir conjugal, lorsqu'on ne doit pas l'accomplir dans la position naturelle, mais en se plaçant de côté pour la copulation, parce qu'il y a danger de répandre la semence hors du vase : la raison en est évidente. Mais si ce danger n'est pas à craindre, c'est seulement un péché véniel de demander ou de rendre le devoir conjugal de cette manière, si elle ne s'écarte que légèrement de la position naturelle, car une pareille inversion n'est pas essentiellement contre nature, étant admis qu'elle ne s'oppose pas à la génération. On doit cependant la blâmer sévèrement, surtout si l'homme, pour augmenter ses jouissances, prend sa femme par derrière, à la mode des animaux, ou s'il se place sous elle, en intervertissant les rôles : cette inversion est souvent le signe de concupiscences mortellement mauvaises chez celui qui ne sait pas se contenter des moyens ordinaires de pratiquer le coït.

Mais lorsqu'il y a nécessité d'en agir ainsi, à l'époque de la grossesse, par exemple, ou parce qu'on ne peut supporter d'autres positions, il n'y a nul péché à prendre ces diverses postures, pourvu qu'il n'y ait pas danger de répandre la semence hors du vase.

3° Pèchent mortellement les époux qui se livrent à des actes obscènes et qui répugnent à la pudeur naturelle, et surtout ceux qui pratiquent l'union charnelle dans un vase autre que celui qui est destiné à cet acte ; c'est ce qui arrive lorsque la femme prend dans sa bouche le membre viril de son mari, ou le place entre ses seins, ou l'introduit dans son anus, etc., etc. ; on ne peut jamais s'appuyer sur les licences du mariage pour excuser de pareilles lubricités.

4° Pèchent mortellement les personnes mariées qui pratiquent l'acte conjugal d'une manière qui s'oppose à la génération, par exemple si l'homme répand sa semence hors du vase, comme nous l'avons dit, s'il s'oppose à l'écoulement complet de la semence, si la femme rejette le sperme ou fait des efforts pour le rejeter, si elle reste passive afin d'empêcher la conception, etc. *Saint Antoine*, *Sanchez* et beaucoup d'autres cités par *saint Liguori, l. 6, n° 918*, prétendent qu'il n'y a pas de péché lorsque le mari, du consentement de sa femme, retire son membre du vagin, avant l'écoulement de la semence, afin de ne pas donner naissance à des enfants, à la condition, cependant, que ni le mari ni la femme ne tomberont dans le danger de pollution. Cependant, *Navarrus*, *Sylvestre*, *Ledesma*, *Azor* et beaucoup d'autres pensent avec raison que, dans ce cas, le péché est mortel, tant à cause du danger de pollution dans lequel se trouve toujours le mari, qu'en raison de l'injure grave faite à la nature en laissant l'acte conjugal imparfait. C'est cette dernière opinion seulement qu'on doit suivre dans la pratique.

....

5° Les époux pèchent encore mortellement dans l'accomplissement de l'acte conjugal, s'ils ont des désirs adultères, c'est-à-dire s'ils se figurent que c'est une autre personne qui est présente et s'ils prennent volontairement plaisir en pensant que c'est avec cette personne que le commerce a lieu. Il en est de même lorsqu'ils accomplissent l'acte conjugal dans un but mortellement mauvais, par exemple, si l'homme demande ou rend le devoir conjugal avec le désir que sa femme meure dans les douleurs de l'enfantement.

....

ARTICLE DEUXIÈME
DES ATTOUCHEMENTS ENTRE ÉPOUX

1° Les attouchements voluptueux qui ont pour but de parvenir à l'acte charnel légitime sont, sans aucun doute, licites, à la condition de ne pas entraîner le danger de pollution ; ils sont, en effet, comme les accessoires de cet acte : ils ne peuvent donc être défendus.

....

2° Les attouchements entre époux sont des péchés mortels lorsqu'il en résulte un danger de pollution : car la masturbation n'est pas plus permise aux personnes mariées qu'à celles qui ne le sont pas ; on ne peut donc pas davantage les excuser de se mettre volontairement dans le danger de pollution. Mais les embrassements et les autres attouchements honnêtes que les personnes mariées ont l'habitude de se faire pour entretenir un amour mutuel ne sont pas des péchés lorsqu'ils ne mettent pas dans le danger de pollution.

....

On ne doit pas regarder les époux comme coupables de péché mortel lorsqu'ils affirment, de bonne foi, que leurs sens ne sont pas ébranlés ou qu'il n'y a pas danger probable de pollution, ce qui est assez ordinaire pour les personnes mariées depuis longtemps et accoutumées aux actes vénériens. Nous ne saurions blâmer en aucune façon une épouse pieuse qui, par timidité, ou par crainte d'irriter son mari, ou dans le but de conserver la paix dans le ménage, permettrait des attouchements libidineux, affirmant d'ailleurs qu'ils ne produisent chez elle aucun mouvement désordonné, ou que, du moins, ces mouvements sont légers.

....

Sanchez, l. 9, disp. 44, n° 15, et plusieurs autres avec lui, disent que l'époux qui, en l'absence de son conjoint, prend plaisir à se livrer à des attouchements sur lui-même ou à porter ses regards sur ses parties sexuelles, mais sans qu'il y ait danger de pollution, commet seulement un péché véniel, parce qu'il fait des actes secondaires qui tendent à l'acte principal licite en soi, c'est-à-dire à l'union charnelle, mais qui, dans ce cas, sont sans nécessité. Ils sont d'avis qu'il faut en dire autant de la délectation dans l'acte conjugal qu'on se représente comme s'accomplissant.

D'autres, au contraire, plus ordinairement, comme *Layman, Diana, Sporer, Vasquez, saint Liguori*, etc., peu suspects d'une trop grande sévérité, donnent comme probable que c'est un péché mortel, tant parce que l'époux n'a le droit de disposer de son corps qu'accidentellement et, selon l'ordre, pour accomplir l'acte charnel, qu'en raison de la tendance de ces attouchements à la pollution et du danger prochain qui en est inséparable, lorsqu'on s'y arrête et qu'ils produisent une commotion dans les esprits.

······· ·········· ···

CHAPITRE III
DE LA CONDUITE DES CONFESSEURS A L'ÉGARD DES PERSONNES MARIÉES

Le confesseur doit avoir soin de les faire revenir au tribunal sacré peu de temps après que le mariage aura été contracté, et alors il développera les règles exposées plus haut sur l'obligation de rendre le devoir conjugal, sur l'époque à laquelle il faut le rendre et le demander, sur la manière dont le coït doit être pratiqué pendant les menstrues, la grossesse, etc.

L'expérience prouve que beaucoup de personnes mariées ne déclarent pas les péchés commis dans le mariage, à moins qu'elles ne soient interrogées là-dessus. Or, le confesseur peut les interroger de la manière suivante sur les choses permises entre époux : Avez-vous quelque chose à avouer qui répugne à votre conscience ? Si elles répondent négativement et qu'elles paraissent suffisamment instruites et d'ailleurs timorées, il ne sera pas nécessaire d'aller plus loin. Mais si elles paraissent ignorantes et que leur sincérité soit suspecte, le confesseur devra insister. Il demandera au pénitent s'il a refusé à son conjoint de lui rendre le devoir conjugal : si le pénitent ne comprend pas cette manière de parler, le confesseur peut lui demander : avez-vous refusé l'acte que l'on fait pour avoir des enfants, le coït ? S'il répond qu'il a refusé, il faut savoir pour quelle raison, et on jugera à ses réponses si le péché est mortel ou s'il n'y a pas de péché.

Le confesseur doit généralement s'enquérir auprès du pénitent s'il s'est livré à des actes déshonnêtes contre la sainteté du mariage. Si le pénitent répond affirmativement, il convient de lui faire dire en quoi consistent ses infractions, de peur de lui enseigner ce qu'il ignore ; et on ne devra pas d'abord l'accuser à la légère de péché mortel.

FIN DES CITATIONS.

MORALITÉ A TIRER
DES
IMMORALITÉS DES CONFESSEURS

Toutes les citations qu'on vient de lire sont parfaitement authentiques. Tels sont les ouvrages que l'on donne à étudier dans les séminaires à des jeunes gens à qui l'on fait en même temps prêter serment de chasteté.

Nous en appelons à la conscience de tous les honnêtes gens : est-ce que cet enseignement n'est pas tout ce qu'on peut imaginer de plus ignoble ? Est-ce qu'il peut sortir des séminaires autre chose que des brutes affolées par de sales passions ?

Que chaque républicain, après avoir parcouru cet ouvrage, transcrive, signe et adresse à son député la pétition suivante :

« Citoyen député,

« Le soussigné a l'honneur de prier la Chambre, par votre intermédiaire, de vouloir bien, au plus tôt et par mesure de salubrité publique, supprimer les séminaires, et assimiler au délit d'excitation à la débauche l'exercice de la confession. »

Si cette pétition parvient à la Chambre par milliers d'exemplaires, nos députés se verront dans l'obligation d'accomplir à bref délai une réforme que les bonnes mœurs exigent impérieusement.

L. T.